RECHERCHES

SUR

L'ARCHITECTURE

LA SCULPTURE, LA PEINTURE, LA MENUISERIE, LA FERRONNERIE, ETC.

DANS LES MAISONS

DU MOYEN-AGE ET DE LA RENAISSANCE

A LYON.

Lyon. — Typ. et Lith. NIGON, rue Chalamont, 7.

RECHERCHES

SUR

L'ARCHITECTURE

LA SCULPTURE, LA PEINTURE, LA MENUISERIE, LA FERRONNERIE, ETC.

DANS LES MAISONS

DU MOYEN-AGE ET DE LA RENAISSANCE

A LYON

PAR

P. MARTIN

ARCHITECTE.

PARIS

VICTOR DIDRON, ÉDITEUR DES ANNALES ARCHÉOLOGIQUES
Rue Hautefeuille, 13.

LYON

Chez l'Auteur, rue Thomassin, 13.

RAPPORT

LU

A LA SOCIÉTÉ ACADÉMIQUE D'ARCHITECTURE

DE LYON

(Séance publique du 13 décembre 1851.)

Messieurs,

Il y a déjà quelques années, notre Société, pénétrée du mérite des nombreux ouvrages d'art que renferment les édifices publics et particuliers des anciens quartiers de notre ville, manifesta hautement tout l'intérêt qu'elle portait à conserver à l'histoire de l'art à Lyon le souvenir de ces remarquables fragments, en nommant une commission chargée d'en faire l'exploration et de procéder au choix de ceux qui méritaient particulièrement d'être immédiatement dessinés. Depuis cette époque, la majeure partie d'entre nous a déposé dans les archives de la Société le résultat de ses travaux.

Un jeune architecte de Lyon, M. MARTIN, animé de ce même sentiment, a eu l'heureuse inspiration de se livrer à l'intéressante recherche dont notre Société avait pris l'initiative, et a fait de nombreux dessins de tout ce que Lyon ancien renferme de précieux en motifs d'architecture et d'ornement, pris dans les diverses époques de l'art ogival et de la Renaissance, dans le but de les réunir en un ouvrage complet. Cet ouvrage, déjà en cours de publication, est intitulé : *Recherches sur l'Architecture, la Sculpture, la Menuiserie, la Ferronnerie, etc., dans les maisons du Moyen-Age et de la Renaissance à Lyon*, et sera divisé en quarante livraisons.

Pour répondre à la mission dont vous avez bien voulu nous honorer, nous avons examiné les divers spécimens qui composent les six premières livraisons parues, avec tout le soin que mérite une œuvre aussi intéressante, et, d'après ce que nous avons reconnu, nous pouvons déclarer que le plan de cet ouvrage a paru sagement conçu. La perfection que l'on remarque dans le dessin s'allie admirablement à la bonne exécution et à la fermeté de la gravure; enfin, ces belles qualités, réunies à un style clair et de bon goût dans le texte qui accompagne les planches, nous semblent être un sûr garant du succès de cet ouvrage.

Nous pensons donc que notre Société, en souscrivant pour l'œuvre si bien commencée par M. MARTIN, rendra à cet artiste recommandable un juste témoignage d'encouragement, et l'engagera à accomplir avec persévérance une entreprise toute en faveur de notre belle profession.

Signé : BERNARD, LOUVIER, PALLU, architectes.

Pour copie conforme:

Le Secrétaire,

A. SAVOYE.

Un exemplaire des premières livraisons ayant été adressé à la Société centrale des Architectes, à Paris, le Conseil a émis ainsi son avis sur l'ouvrage qui lui était présenté :

Le Conseil, considérant :

1° Que M. MARTIN a fait hommage de son ouvrage à la Société centrale ;

2° Que la première livraison contient un rapport sur cet ouvrage fait à l'Académie de Lyon par M. CHENAVARD, membre de la Société centrale ;

3° Que, examen fait de l'ouvrage de M. MARTIN et lecture prise du rapport précité, le Conseil a reconnu le mérite de l'ouvrage et la juste appréciation qui en a été faite audit rapport ;

4° Que c'est, pour le Conseil et la Société, une heureuse occasion d'enrichir le bulletin d'un travail dû à un de ses honorables membres des départements ;

ARRÊTE : que ce rapport sera imprimé au bulletin pour être soumis à la Société en réunion générale, comme son expression sur l'ouvrage qui lui a été offert par M. MARTIN.

Le Président,
BLOUET.

Le Secrétaire principal,
GOURLIER.

Nous enregistrons avec reconnaissance le rapport que la Société académique d'Architecture de Lyon vient de nous communiquer. Ce nouvel appui, comme tous ceux dont notre œuvre a déjà été l'objet, nous permettra de continuer avec persévérance notre travail et de surmonter la difficulté qui a pu se présenter à son début. Cette difficulté, on le comprend, est dans le petit nombre des souscripteurs. Les frais qu'entraînait notre publication n'étant pas couverts, nous avons dû songer à les alléger. Dans ce but, nous nous sommes occupé nous-même de la gravure, en faisant des essais qui commencent à réussir et qui nous promettent la possibilité d'achever notre œuvre sans entraves. Deux planches gravées par nous, dans la huitième livraison, ont été acceptées avec bienveillance par nos souscripteurs; nous les prévenons, toutefois, que nous remplacerons plus tard ces deux gravures par les mêmes sujets gravés avec plus de pureté et plus de précision.

Nous n'avons pas besoin de dire que si nous nous occupons de la gravure, nous ne conserverons pas moins un juste sentiment d'estime et de confiance pour le talent de MM. Séon et Fugère, et que leur concours nous est toujours très avantageux lorsqu'il s'agit de la gravure des planches importantes pour lesquelles la science du graveur est indispensable.

Plusieurs honorables membres de la Société d'Architecture de Lyon nous ayant offert de mettre à notre disposition les dessins que la Société a pu recueillir, M. Chenavard a bien voulu se rendre notre interprète, en demandant au Conseil l'autorisation de consulter les archives de la Société et d'en extraire les dessins qui nous paraîtraient offrir de l'intérêt. Cette autorisation nous ayant été accordée, nous publierons les dessins de la Société, en écrivant, au bas des planches, le nom de l'auteur du dessin et les mots : *Communiqué par la Société d'Architecture de Lyon.*

Les recherches des notes et des dates historiques, pour la rédaction de notre texte, étaient faites par M. Bar, qui mettait autant de bienveillance que d'empressement à nous seconder, en compulsant les archives de la ville. Nous perdons en lui un homme dévoué; nous devons à sa mémoire un témoignage de reconnaissance et de regret.

Les artistes et amateurs des arts de Lyon et des cités environnantes ont accueilli avec bienveillance les premières livraisons de nos *Recherches*.

Les souscriptions qui nous sont venues des sociétés savantes, des personnages éminents et des principales administrations de notre ville, sont pour nous autant d'encouragements qui assurent le succès de notre entreprise. Nous y répondrons par un redoublement de soins, soutenu par les graveurs, MM. Séon et Fugère, que nous prions d'accepter une part des éloges dont notre œuvre est l'objet.

En mettant sous les yeux de nos souscripteurs un extrait des rapports faits à l'avantage de notre publication, nous avons moins l'intention d'en faire ressortir le mérite que de témoigner notre reconnaissance aux hommes éclairés qui ont bien voulu nous donner de si honorables marques de sympathie.

RAPPORT

LU A L'ACADÉMIE DE LYON,

Par M. CHENAVARD, Architecte.

« Messieurs,

» Vous m'avez fait l'honneur de me charger de vous entretenir d'un travail publié par
» M. Martin, architecte, et qui a pour but de recueillir et de conserver, par la gravure,
» les nombreux motifs d'ornements des diverses époques à Lyon et des portions d'édifices
» publics ou privés qui s'y remarquent encore. C'est une heureuse pensée, Messieurs, que

» celle de sauver de l'oubli plus d'un titre pour notre ville à son illustration dans les arts ; » chaque jour en voit périr quelque partie, soit par l'action incessante du temps, soit par » les démolitions qui s'exécutent sur tous les points, en vue d'opérer des redressements dans » la direction des rues, de les assainir en les élargissant, de former des places au centre » de nos habitations agglomérées et privées d'air et de lumière.

» Et cependant, tout en applaudissant aux heureux résultats obtenus, pour la circula- » tion, chez une population toujours croissante, et pour la salubrité, l'amateur des arts, » l'archéologue ne peuvent s'empêcher d'éprouver des regrets à cette disparition de tant » d'objets intéressants. En effet, dans nos anciens quartiers, plus d'une maison mal tenue et » d'une noire apparence, condamnée à être démolie, a été le manoir d'un de ces hommes à » qui notre ville doit sa fortune et dont l'histoire a conservé le souvenir ; ainsi disparaî- » tront avec elles ces portes, ces balcons, ces niches, ces tourelles, ces portiques, ces » galeries, ces escaliers, enfin toutes ces anciennes traces recherchées, visitées avec empres- » sement par les doctes et les artistes ; elles disparaîtront sous la règle inflexible du voyer : » c'est une nécessité de notre époque, il faut bien la subir. Un jour viendra que la ville du » Moyen-Age, la ville de la Renaissance n'existeront plus, ainsi que leur histoire, que dans » les livres gravés, déposés dans les bibliothèques, où les curieux pourront encore les » retrouver.

» M. MARTIN, Messieurs, nous semble avoir compris la tâche qu'il s'est imposée ; il en a » mesuré toute l'étendue, et ne s'est point effrayé du grand travail qu'il a entrepris. Nous » avons comparé les sujets renfermés dans la première livraison dont il a fait hommage à » l'Académie avec les monuments eux-mêmes, et nous les avons trouvés reproduits avec » une scrupuleuse fidélité.

» C'est donc bien volontiers que nous nous associons au vœu qui vous a été exprimé par » l'honorable membre de cette Académie qui avait été chargé par l'auteur de vous pré- » senter ce premier essai, de voir votre société manifester, par une souscription, l'intérêt » qu'elle y voudrait bien prendre. Ce témoignage, qui serait pour l'auteur un utile encou- » ragement, serait pour vous une garantie que cette œuvre si intéressante serait poursuivie » jusqu'à sa dernière limite avec une désirable activité.

» Lyon, le 20 mai 1851.

» *Signé :* CHENAVARD. »

EXTRAIT

DU

RAPPORT LU A LA SOCIÉTÉ LITTÉRAIRE DE LYON,

Dans la Séance du 11 Juin 1851,

PAR M. MARTIN-DAUSSIGNY.

« MESSIEURS,

» La Société nous a demandé un rapport sur l'ouvrage intitulé : *Recherches sur l'Archi*
» *tecture, la Sculpture, la Menuiserie, la Ferronnerie, dans les maisons du Moyen-Age et*
» *de la Renaissance à Lyon;* par M. P. MARTIN.

» Ce travail remarquable, divisé en quarante livraisons dont deux seulement ont paru,
» réalise de la manière la plus satisfaisante tout ce qu'on était en droit d'exiger pour une
» publication de ce genre. Les deux premières livraisons contiennent un texte explicatif très
» suffisant et trois planches chacune, où sont représentés : la cage de l'escalier d'une maison
» située rue Saint-Jean, 11, faisant autrefois partie du palais du Gouverneur de Lyon, un

» puits existant dans la maison n° 53 de la même rue, des portes de l'hôtel Milan, montée » Saint-Barthélemy, et différents balcons, galeries et portes en fer.

» Ces différents objets, dont le choix heureux prouve le bon goût de M. P. MARTIN, sont » dessinés avec une pureté parfaite et une exactitude irréprochable. Nous avons comparé ce » travail avec les monuments eux-mêmes, et nous devons dire qu'il est sorti victorieux de » cette redoutable épreuve, à laquelle résistent bien peu de publications modernes. Nous » n'hésitons donc pas à proclamer l'ouvrage de M. P. MARTIN comme digne de fixer l'atten- » tion du public.

» En conséquence, nous déclarons que cette publication intéressante doit être regardée, » non seulement comme très utile pour l'histoire de notre ville, mais comme indispensable » pour tous les praticiens des trois spécialités qui y sont renfermées, et que le talent incon- » testable avec lequel cet important travail est traité mérite les plus grands éloges. La » Société littéraire, en souscrivant pour l'ouvrage de M. P. MARTIN, donnera à ce jeune » talent une marque d'estime et un encouragement dont il est digne à tous égards.

» 11 juin 1851.

» E.-C. MARTIN-DAUSSIGNY. »

Les anciennes maisons, si nombreuses dans notre ville, appartiennent presque toutes à l'architecture du Moyen-Age et de la Renaissance ; quelques-unes d'entre elles ont notablement souffert de l'action du temps, d'autres sont demeurées à peu près intactes, et la plupart nous présentent quelque partie intéressante à étudier. Toutefois, nous ne pouvons espérer de les conserver longtemps encore dans le même état ; les travaux d'art qui doivent régénérer nos principaux quartiers amèneront sans doute quelque changement dans les dispositions principales de ces maisons. Celles qui ne pourront supporter une restauration partielle seront entièrement reconstruites sur de nouveaux plans ; les objets isolés, tels que les portes sculptées, les magnifiques grillages en fer et tant d'autres fragments qui dépérissent tous les jours, auront alors disparu, et de tous ces matériaux précieux il ne restera que les documents qu'on aura pu recueillir.

Pour faire connaître la structure de ces édifices, pour en tirer quelque étude profitable à l'art de notre temps, nous allons essayer de former une collection de dessins qui les représenteront sous leur aspect architectural.

Nos recherches porteront principalement sur les constructions privées qui existent aujourd'hui et qui ont été élevées pendant le Moyen-Age et la Renaissance jusqu'au XVIIIe siècle. Les maisons des quartiers Saint-Jean, Saint-Paul, Saint-Nizier, etc., les morceaux d'architecture attribués à Ph. Delhorme, les sculptures sur pierre et sur bois, tous les accessoires que comportent les constructions de cette époque, seront mesurés et dessinés de manière à donner une idée exacte du style architectonique qui les caractérise.

Cette publication se composera de diverses séries de dessins d'ensemble, avec des détails sur une plus grande échelle. Les appareils des constructions en pierre qui offriront quelque intérêt feront l'objet de planches particulières. Enfin, on traitera séparément, à l'aide de planches spéciales accompagnées de notes descriptives, les œuvres de différente nature, celles où la pierre joue le principal rôle, la menuiserie sculptée, la ferronnerie et les objets de bronze et de cuivre.

Nous devons ajouter que notre travail exclut toute prétention historique ou littéraire; il se renferme absolument dans les limites d'un ouvrage pratique, offert aux hommes spéciaux comme le résultat de recherches entreprises avec l'aide et le concours bienveillants de quelques hommes éclairés.

P. MARTIN.

Lyon, le 15 avril 1851.

RECHERCHES

SUR

L'ARCHITECTURE

LA SCULPTURE, LA MENUISERIE, LA FERRONNERIE, ETC.,

DANS LES MAISONS

DU MOYEN-AGE ET DE LA RENAISSANCE

A LYON.

ESCALIER DU MOYEN-AGE.

La rue Saint-Jean est, sans contredit, l'une de celles qui se partagent le plus avantageusement les richesses architectoniques du Moyen-Age. Au nombre des constructions de quelque importance qui sont parvenues jusqu'à nous, on remarque une cage d'escalier dans la maison qui porte le n° 11. Nous donnons, planche Ire, le dessin de l'étage inférieur où est pratiquée la porte qui y donne accès. Cet escalier appartient au style ogival tertiaire, et, suivant le mode en usage à cette époque, il est de forme circulaire, sur noyau cylindrique. La plupart des escaliers du Moyen-Age qui existent encore dans nos anciens quartiers sont établis sur le même plan, avec cette différence, toutefois, que l'espace occupé par ceux-ci est souvent plus exigu et que leur décoration est comparativement très simple. Celui-là est construit à l'angle d'une cour où les deux faces parallèles des bâtiments à l'est et à l'ouest nous montrent encore leurs fenêtres du XVIe siècle. Ces deux bâtiments sont mis en communication, à chaque étage, par un palier que supporte une voûte à nervures. Au premier étage, les retombées des nervures s'appuyent sur les attributs des quatre évangélistes, malheureusement brisés aujourd'hui; l'une d'elles vient rompre d'une façon assez disgracieuse la galerie à jour au-dessus de la baie, mais, malgré cette irrégularité, on ne saurait nier l'intérêt artistique que nous présente d'ailleurs cette construction.

La galerie dont nous venons de parler est presque entièrement détruite; il n'en reste que quelques fragments à l'aide desquels nous l'avons rétablie dans notre dessin. Il en est de même des fleurons qui s'épanouissaient probablement au-dessus et que nous avons seulement indiqués par un trait ponctué. La contre-courbure hérissée de feuillages qui se voit au-dessus de l'arc en anse de panier est couronnée d'un fleuron qui supportait sans doute une statue détruite aujourd'hui. C'est du moins une probabilité que la disposition particulière de ce fleuron et les exemples analogues semblent appuyer.

Nous donnerons dans une prochaine livraison le plan d'ensemble des constructions adjacentes auxquelles cet escalier semble se rattacher par sa destination primitive; nous y joindrons quelques détails des voussures et du noyau, qui n'est pas non plus sans intérêt (1).

MENUISERIE SCULPTÉE.

La maison située au bas de la montée Saint-Barthélemy était sans doute autrefois une habitation de premier ordre, à en juger par la disposition générale des bâtiments et la richesse des débris qu'on y rencontre. Les habitants du quartier la désignent sous le nom de *Château Milan*, *Hôtel Milan*; mais il existe une maison du même nom dans la rue Grenette. Nous ne pouvons donc rien affirmer, quant à présent, sur son origine. Nous espérons pouvoir donner plus tard quelques renseignements historiques qui nous ont été promis.

La partie architectonique proprement dite n'offre rien de très remarquable dans l'ordonnance et la décoration des bâtiments, dont quelques portions remontent au Moyen-Age. Les portes en menuiserie qui existent encore sont les seuls objets dignes d'attention. La plus importante, qui est aussi la plus remarquable sous le rapport artistique, est celle dont nous offrons aujourd'hui le dessin. Ainsi qu'on peut le voir, sa décoration consiste en une espèce de tableau plastique divisé en compartiments rectangulaires par des pilastres et des frises d'encadrement de la plus grande richesse. Les vues perspectives qui sont ciselées en très bas relief sur les panneaux sont disposées de façon à ne présenter qu'un seul point de vue; la principale zône verticale est occupée par une nef à deux étages que sépare la frise transversale; deux autres nefs plus petites occupent les zônes latérales.

(1) Le palais du gouverneur de Lyon était situé sur la place du Gouvernement; il compose aujourd'hui plusieurs maisons particulières. (M. Cochard.) — L'une de ces maisons est celle qui porte le n° 11 sur la rue Saint-Jean; elle servait d'hôpital pour les gens attachés à la maison du gouverneur. (Archives de la Ville.)

Tous les ornements que le temps a respectés sont empreints d'une rare perfection ; aucun détail n'a été négligé par le sculpteur. La perspective elle-même, qui représente des intérieurs au fond desquels on aperçoit des ruines et des fragments de paysage, est étudiée dans ses détails aussi bien que dans son ensemble. Si les panneaux inférieurs présentent quelque défectuosité dans la direction des lignes fuyantes, cette licence, ainsi qu'on l'appelle, est, pour ainsi dire, autorisée par la superposition des deux étages, auxquels l'artiste n'a voulu donner qu'un même point de fuite apparent.

La face postérieure de cette porte est décorée de sculptures en bas relief. Nous donnons sur une autre planche le dessin (n° 1) de l'une des zônes latérales et de celle du milieu. La troisième zône, qui forme la partie brisée de la porte, étant semblable à la première, nous ne l'avons pas dessinée.

La porte n° 2 se voit au fond de la cour de la même maison (1). Il en existe une troisième presque semblable à celle-ci ; elle n'en diffère que par l'ornement sculpté sur les panneaux. Nous le ferons connaître plus tard, en réunissant sur la même planche les détails de sculpture sur bois qui peuvent offrir quelque intérêt.

FERRONNERIE.

Les grilles et les balcons de nos anciens édifices nous montrent à quel degré la ferronnerie du Moyen-Age et de la Renaissance s'était élevée. Les ouvrages de ce genre, si nombreux dans notre ville, se distinguent presque tous par le bon goût du dessin ; ils se composent, pour la plupart, de rubans de fer de cinq à six millimètres d'épaisseur sur deux centimètres de largeur, roulés en boucles ou en spirales, et ornés de rosaces et de feuilles en tôle repoussée.

Dans les balcons et les rampes d'escaliers on trouve une disposition à peu près uniforme ; elle consiste en une suite de panneaux alternés et reliés entre eux par des lacets de fer qui les fixent invariablement au châssis. La variante porte uniquement sur le dessin des panneaux plus ou moins riches, plus ou moins compliqués, qui se trouvent encadrés entre les principales barres verticales et la barre d'appui qui les réunit.

Les impostes circulaires présentent la même analogie ; les unes sont divisées en parties égales par des rayons au nombre de six ou huit, qui forment entre eux des compartiments semblables ; les autres, comme celle (n° 3) représentée sur une de nos planches, se divisent en deux parties égales, dont l'une est la reproduction, en sens inverse, de la première.

(1) Cette maison était habitée autrefois par les Milanais, qui occupèrent un rang distingué dans l'industrie lyonnaise (*Archives de la Ville*). Un titre portant la date de 1620 fait mention d'un partage de cette maison entre Guillaume et François Gellas, héritiers testamentaires de Claude Gellas, leur père. (*Communiqué par* M. Gabin.)

Les objets accessoires, tels que les pentures et les heurtoirs des portes, varient suivant l'époque et l'importance de la maison. On trouve à Lyon des heurtoirs en fer forgé et ciselé avec des ornements très remarquables; d'autres sont en bronze et constituent de précieux objets d'art, ainsi qu'on en verra un exemple dans la prochaine livraison.

Nous avons réuni sur une même planche plusieurs spécimens de ferronnerie. Le balcon provient d'une cour d'hôtel de la rue Clermont; l'imposte n° 3 se voit au cintre de l'allée d'une modeste maison de la rue Noire. Nous donnons en outre deux heurtoirs que nous avons trouvés, l'un dans la rue Tupin, l'autre sur la place du Change. L'imposte n° 2 existait dans l'une des maisons qui viennent d'être démolies.

Nous donnons sur une autre planche le dessin d'une porte en fer telle qu'elle existait avant qu'elle ne fût modifiée. On peut la voir à l'entrée de la cave d'une nouvelle maison sur la place Saint-Claude.

PUITS DU XVIME SIÈCLE.

Le puits dont nous allons nous occuper est situé dans la cour de la maison que François d'Estaing, chamarrier de l'église de Saint-Jean, fit bâtir à l'angle de la rue Portefroc au commencement du XVIe siècle.

A l'exception du soubassement, qui se trouve en partie caché sous le sol actuel, cette construction existe à peu près dans son état primitif. L'heureuse proportion de son ensemble, la richesse de sa décoration, en font une œuvre extrêmement remarquable. Le puits proprement dit, a une largeur de 0^{m} 98^{c} mesurée à la hauteur de la margelle. La construction qui s'élève au-dessus du sol se divise, dans sa hauteur, en trois parties assez distinctes : le soubassement, sur la surface duquel se déroule une double rangée de caissons; l'aire du puits, qui se continue au-dessus en formant une espèce de niche terminée par une coquille et un arc de trompe; enfin la couverture, composée principalement d'une coupole surmontée d'un lion qui s'appuyait autrefois sur un écusson brisé aujourd'hui.

Au premier aspect, la construction présente, dans son ensemble, une combinaison de lignes circulaires des plus gracieuses. Le fût des colonnettes affecte lui-même une forme curviligne dans le sens de sa hauteur, c'est-à-dire qu'au lieu de diminuer suivant une ligne droite partant de la base ou seulement du tiers de sa hauteur, comme cela se pratiquait encore à l'époque de la Renaissance, le diamètre varie en suivant une ligne courbe de la base au chapiteau, ainsi que Ph. Delhorme l'enseigne dans son traité d'architecture. Cette particularité semble confirmer l'opinion de quelques artistes, qui attribuent la construction de ce puits au célèbre architecte lyonnais à qui nous devons tant d'édifices admirables. Si on ne peut rien affirmer à cet égard, on peut du moins avancer avec plus de certitude qu'elle est une inspiration de l'école de ce maître.

En examinant chaque détail en particulier, on y découvre un excellent choix d'ornements uni à une grande perfection de travail. Les sculptures du soubassement, protégées par la saillie considérable de la margelle, nous présentent, dans chaque caisson, une magnifique rosace dont nous donnerons le dessin sur une planche particulière. Les chapiteaux des colonnettes sont ornés, sur leur tailloir, d'un fleuron épanoui qui est remplacé sur plusieurs faces par une tête de bélier et une espèce de chimère. Des deux rosaces sculptées en très bas relief dans les angles au-dessus des colonnettes, l'une est inscrite dans un caisson circulaire, tandis que celle qu'on aperçoit dans le dessin est circonscrite seulement par les côtés du triangle.

On voit sur la surface extérieure de la coupole un exemple de couverture imbriquée en forme d'écailles, comme les artistes de la Renaissance en sculptaient fréquemment sur les petits dômes en pierre ; celle que nous voyons ici est surmontée d'un couronnement cylindrique, autour duquel sont sculptées des guirlandes de feuilles et de fruits avec des griffons.

L'**appareil** n'offre rien de très remarquable dans les parties courbes, notamment dans la petite coupole couronnant l'entablement; sa petite dimension pouvait permettre l'emploi des joints horizontaux qui existent dans les trois assises, ainsi que nous avons pu nous en assurer.

Quant à la coquille qui recouvre l'aire du puits, elle est appareillée avec soin, ainsi qu'on peut le voir dans l'évasement de l'arc de trompe, où les joints ont une direction qui se rapproche du centre de la courbe.

L'**édicule** qu'on voit à côté du puits a quelque analogie avec les piscines en usage autrefois ; il était sans doute un accessoire qui devait compléter le service des eaux fournies par le puits dont nous venons de parler ; sa disposition en forme de niche, le bassin qui le termine inférieurement, annoncent une destination de ce genre. Les ornements dont il est enrichi offrent les mêmes caractères d'élégance et d'exécution que ceux du puits. Nous donnerons plus tard quelques planches de détail qui feront connaître, d'une manière plus complète, les différents motifs d'ornement dont se compose sa décoration.

MAISON DE FRANÇOIS D'ESTAING.

La maison que nous avons citée en parlant du puits appartient à l'époque de transition entre le style ogival et celui de la Renaissance. On y remarque un mélange de ces deux styles, surtout dans la construction de l'escalier, ainsi qu'on le verra par les dessins que nous allons offrir. Du reste, cette maison a été considérablement modifiée, principalement dans la façade sur la rue Saint-Jean, où plusieurs fenêtres des premier et deuxième étages ont été élargies par l'enlèvement des trumeaux qui les divisaient. Le balcon placé à l'angle de la rue Portefroc est postérieur à la construction de l'édifice. La face en retour sur cette rue ne présente rien de remarquable, tandis que sur la rue Sainte-Croix, qui lui est parallèle, il existe une travée de fenêtres qui est la continuation de celles qu'on voit sur la rue Saint-Jean. Le soubassement, formant aujourd'hui les magasins à rez-de-chaussée, est percé de baies de petite largeur, dont plusieurs ont été agrandies, comme on peut le voir à travers la devanture en menuiserie.

Malgré ces changemens, qui ont notablement altéré l'aspect général de l'édifice, on peut encore retrouver l'état primitif de la façade, surtout au premier étage et au deuxième, où il manque évidemment cinq trumeaux semblables à ceux existants. On peut s'en assurer en voyant les joints qui existent au linteau des fenêtres précisément aux points où devaient se trouver les parties qui ont été enlevées. En indiquant sur nos planches l'état actuel de la façade, nous essayerons aussi de la restaurer en nous appuyant des documents que fournit l'édifice.

La cage de l'escalier offre quelque intérêt à l'artiste et au constructeur. Ainsi que nous l'avons dit, son ornementation annonce le style de la Renaissance, dont les formes se combinent ici avec celles du style ogival. La porte sur la cour se caractérise à sa partie supérieure par des courbes flamboyantes qui appartiennent plus particulièrement à l'architecture ogivale dégénérée; mais, à part ce détail et quelques autres de peu d'importance, on en trouve plusieurs qu'il est utile d'étudier et que nous nous proposons de dessiner sur une échelle assez grande pour qu'ils soient bien compris. A l'intérieur, le plan circulaire de l'escalier est raccordé avec les angles des murs par des trompes en forme de coquille, comme cela existe dans beaucoup d'escaliers de la même époque. On y voit en outre des exemples très remarquables de pénétrations et de croisements de moulures, que nous aurons occasion d'étudier dans la suite de nos recherches.

En explorant l'intérieur de cette maison, nous avons trouvé quelques restes d'anciennes menuiseries que nous ferons connaître. Nous n'avons rien trouvé de bien remarquable en ferronnerie, si ce n'est le balcon de la façade, qui est, comme on sait, d'une époque moins reculée. Celui qu'on voit dans la cour se retrouvant dans plusieurs autres maisons, nous n'avons pas cru devoir nous y arrêter. Nous porterons notre attention sur l'ensemble de l'édifice et les sculptures dont il est orné; nous examinerons aussi les profils, les rencontres des moulures, les trompes ou les pendentifs de l'escalier. Nous procéderons de même pour toutes les constructions de cette époque, dans le but de faciliter l'étude si nécessaire aujourd'hui de l'architecture du Moyen-Age.

Les planches que nous nous proposons d'offrir se composeront donc d'un plan d'ensemble de la maison avec la cour où se trouve le puits, d'un dessin de la façade sur la rue, d'un autre représentant la face sur la cour; de plusieurs autres dessins de détail, parmi lesquels se trouveront les ornements des fenêtres le petit couronnement en forme de dais qu'on voit au-dessus de la porte donnant sur la cour, enfin les différents motifs d'appareil et de construction de l'escalier.

HEURTOIR EN BRONZE

(Style de la Renaissance)

RUE DU BOEUF, N° 28.

Le heurtoir qu'on voit rue du Bœuf, au bas de la maison qui porte le n° 28, est l'un des plus beaux que nous ayons trouvés jusqu'à présent à Lyon. Il provient de la collection de feu M. Brun. Après la mort de cet antiquaire, il passa entre les mains du propriétaire actuel, qui le fit placer à la porte de sa maison. C'est donc un objet d'art tout-à-fait isolé et dont la destination originaire est inconnue, ou tout au moins fort douteuse. Néanmoins nous l'avons dessiné en nous aidant du daguerréotype, afin de reproduire avec plus de fidélité le caractère des figures dont il est formé.

Ces figures, empruntées aux sujets mythologiques, sont pleines d'expression et se montrent d'un fini parfait. L'une, placée à la partie supérieure et qui semble être celle d'un Faune, est destinée à recevoir l'axe autour duquel s'enroulent les dauphins; l'autre, qui est celle d'un Satyre, termine inférieurement le heurtoir, et vient frapper contre une étoile crucifère de même métal, qui se trouve cachée derrière elle.

L'axe dont nous venons de parler consiste en une simple tige de fer rivée aux deux extrémités, comme cela est indiqué dans le dessin. Ce n'est sans doute pas celui qui devait exister dans l'origine, et l'on doit supposer qu'il y avait un thyrse ou quelque autre motif analogue au sujet principal.

PORTE EN MENUISERIE

Dans la maison des Frères Tailleurs

RUE LAINERIE, N° 5.

La rue Lainerie portait au XVIIe siècle le nom de *rue de l'Asnerie;* à cette époque, le premier nom fut substitué au dernier, peut-être par corruption de son ancien nom, ou par suite de l'établissement de marchands de laine dans cette rue. La maison n° 5, dont la construction remonte à la dernière période du style ogival, était occupée, au XVIIIe siècle, par une corporation de jansénistes, qui exerçaient la profession de tailleurs. Cette association, dont le but était l'assistance mutuelle, jouissait d'une certaine considération, et les hommes qui la composaient étaient très estimés dans le quartier (1).

La maison des Frères Tailleurs est désignée sous ce nom dans le plan de la ville dessiné par Jacquemin en 1774; elle compose aujourd'hui plusieurs corps de bâtiment où on retrouve encore quelques unes des dispositions architecturales du Moyen-Age.

Une allée étroite et obscure, un escalier très exigu, donnent accès aux appartements du côté de la rue Lainerie. Ces appartements prennent jour par des fenêtres rectangulaires, divisées par des meneaux prismatiques. Quelques figures d'hommes et d'animaux, d'une exécution assez recherchée, se voient encore aux bandeaux des fenêtres. La construction ne présente, du reste, rien de très remarquable; nous nous y sommes arrêté, cependant, pour dessiner une porte Renaissance, à demi détruite, qu'on voit à l'entrée de l'allée. Le dessin que nous offrons sur une de nos planches la représente dans son ensemble (fig. 2); nous avons restitué les deux panneaux inférieurs, complètement détruits aujourd'hui, mais dont la trace se voit encore. La figure 3, sur la même planche, est le détail du motif d'ornement sculpté sur les panneaux.

(1) Archives de la Ville.

HOTEL DU GOUVERNEUR

Construction du Moyen-Age

PLACE DU GOUVERNEMENT.

Nous empruntons à M. Cochard les détails qu'il donne en parlant de l'hôtel du Gouverneur et de la place du Gouvernement :

« Le comte de Saulx y demeurait en 1562, dans une maison que la ville avait prise à loyer » de Clémence d'Aurillac. M. de Mandelot l'occupa dans la suite, et M. d'Halincourt, ayant » acheté de la ville un hôtel sur cette place, vint y habiter en 1618. Nicolas de Neuville de » Villeroy, son fils, agrandit cette demeure, en 1615, par l'acquisition d'un hôtel contigu, » qui dépendait de la succession de Falque d'Aurillac, président au parlement de Grenoble. » Le comte de Soissons y logea en 1623, la reine de Suède en 1656, le prince et la princesse » de Conty en avril 1730. L'archevêque Camille de Neuville y est mort en 1693, et le maréchal » de Villeroy en 1730. Le duc de Villeroy, son fils, le vendit en 1734 au Consulat, et celui-ci » en 1768 à M. Boulard. »

Les maisons particulières dont se compose aujourd'hui l'ancien hôtel du Gouverneur ne présentent pas toutes les dispositions architecturales qui les caractérisaient à l'origine. L'une de ces maisons, qui porte le n° 11 sur la rue Saint-Jean, est celle où l'on voit l'escalier dont nous avons parlé; l'autre maison, qui forme l'angle nord-est de la place du Gouvernement, est plus importante, et offre aussi plus d'intérêt. Elle est divisée en deux corps de bâtiment, séparés par une cour : l'un regarde le quai, l'autre regarde la place. La façade sur le quai ayant été changée, nous ne nous y arrêterons pas. La façade sur la place se compose de trois étages principaux, éclairés par des fenêtres rectangulaires; à l'étage inférieur sont pratiquées deux larges baies, cintrées en anse de panier : l'une, qui a sans doute été modifiée, forme l'entrée des caves, servant aujourd'hui d'écuries; l'autre, qui se distingue par son archivolte, donne entrée à une espèce de porche où se trouve le départ d'un escalier. Celui-ci, composé seulement de dix-sept marches, formant une rampe droite, s'élève au niveau de la cour, dont le sol est à la hauteur des appartements du premier étage, l'étage inférieur étant occupé par les caves, principalement du côté de la place. La rampe est abritée par une petite construction que supportent des piliers isolés et une voûte à nervures très remarquables. On voit à l'angle sud-ouest un puits abandonné aujourd'hui, et au-dessus duquel se trouve une coquille supportée par des consoles d'un style moins ancien que celui de l'édifice. Dans la pièce servant aujourd'hui de cuisine, au fond de la cour, il existe une cheminée formée d'un arc surbaissé, ayant au moins quatre mètres de largeur.

Ces notes accompagneront plusieurs dessins que nous joindrons plus tard à celui de l'escalier; ils se composeront du plan d'ensemble de l'hôtel, de la façade et de la coupe de la maison sur la place du Gouvernement, enfin de plusieurs détails, au nombre desquels se trouveront les profils des différentes moulures et la coquille au-dessus du puits.

Nous désignerons par les lettres ci-dessous les différentes parties du plan d'ensemble.

A **Maison rue Saint-Jean, n° 11.**

B **Bâtiment sur la place du Gouvernement;** *c*, **le porche;** *d*, **l'escalier au-dessus duquel s'élève la petite construction précitée;** *e*, **le regard pratiqué dans l'épaisseur de la voûte des caves.**

C **Bâtiment sur le quai;** *h*, **le puits dans la cour;** *i*, **la grande cheminée.**

H **Escaliers conduisant aux différents appartements.**

PORTAIL DE LA COUR DES ARCHERS.

Le portail qu'on voit aujourd'hui dans la cour des Archers formait autrefois l'une des entrées du cloître des Dominicains (1). Le dessin que nous offrons le représente dans l'état où on le voyait avant que le pavé de la cour fût exhaussé. Nous donnons en outre, sur la même planche, une partie du plan des bâtiments entre lesquels il se trouve construit. Les profils de l'entablement, de l'archivolte et des pieds droits complètent les détails de la construction.

Les ventaux n'existent plus aujourd'hui, ils ont sans doute été enlevés lorsque le passage de la cour des Archers fut livré à la circulation. L'arrière voussure qui se remarque sur la face postérieure fait supposer qu'ils s'élevaient de toute hauteur, en remplissant le vide formé par le plein cintre.

Le croisement de l'archivolte avec les pilastres supportant la corniche est un exemple qui se rencontre fréquemment à Lyon dans les constructions de la fin du XVIe siècle. Le reste de la construction n'offre pas d'autres particularités dignes de remarque.

ARC DU XVIME SIÈCLE,

PROVENANT DE L'ÉGLISE DES DOMINICAINS.

Parmi les restes du couvent des Dominicains, qui sont parvenus jusqu'à nous, il existe un fragment intéressant qui a été transporté aux Brotteaux, où il sert d'entrée à une maison de la rue Sully. Ce fragment consiste en une large baie terminée par un arc en plein cintre et flanquée de deux pilastres surmontés d'un entablement à ressaut. Les

(1) *Archives de la Ville.*

ornements sculptés sur la face des pilastres et sur les embrasures sont une imitation de ceux qu'on rencontre dans les édifices de la Grèce et de l'Italie. Les sculptures en feuillage, telles que les chapiteaux et les rosaces ont une grande analogie de style avec celles du puits de la rue Saint-Jean dont nous avons parlé, ce qui fait supposer que ces deux constructions appartiennent à la même époque, c'est-à-dire au XVIe siècle. Du reste, le caractère architectural de l'arc qui nous occupe semble appartenir plus particulièrement à l'art italien; on se rappelle qu'à l'époque de la Renaissance, notre ville comptait dans son sein des familles illustres, des artistes originaires d'Italie. L'écusson sculpté sur la clef du plein cintre porte sans doute les armes de Gadagne, qui sont de gueules à la croix engreslée d'or; la croix que nous voyons ici laisse apercevoir en effet une trace de dorure.

Les consoles qui supportent le balcon au-dessus de l'arc ne font sans doute pas partie de celui-ci; elles paraissent bien du même style, mais la place qu'elles occupent aux deux côtés de l'archivolte semble avoir été determinée par la disposition particulière du bâtiment, pour lequel l'entrepreneur utilisait les matériaux. Il est bon de remarquer aussi qu'aucun appareil ancien ne relie les consoles avec les claveaux de l'archivolte, et qu'elles paraissent ainsi complètement indépendantes du reste de la construction. Nous n'indiquerons donc dans notre dessin que la place qu'elles occupent aujourd'hui; nous les dessinerons sur une autre planche pour étudier les ornements dont elles sont enrichies.

Quelques personnes croient aujourd'hui que cette portion d'édifice servait de portail au cloître des Jacobins. Nous devons, à ce sujet, présenter quelques observations qui pourront peut-être amener quelques éclaircissements. Les jambages ou les pieds droits de l'arc dont nous parlons nous montrent sur leurs faces deux évasements, l'un extérieur, l'autre intérieur, qui sont semblablement ornés; ils viennent, en outre, se réunir à une petite face d'embrasure de quinze centimètres de largeur et dans laquelle il ne se trouve qu'une petite rainure triangulaire, qui n'est pas disposée de façon à recevoir les ventaux d'une porte battante, ni une grille de portail. De plus, il n'y a aucun scellement de gond dans les jambages; il ne pouvait pas y en avoir, parce que cette embrasure de quinze centimètres n'est pas suffisante pour supporter des scellements capables de résister au poids d'un ventail. Les petites enclaves qu'on y remarque n'ont pu avoir d'autre emploi que celui de fixer une grille légère comme on en voit à l'entrée des chapelles dans les églises. Enfin, en comparant le profil ou le plan des jambages avec ceux du portail de la cour des Archers et avec tous ceux qu'on emploie pour les ventaux des portes, on voit qu'il n'y aucune analogie entre ces deux sortes d'accessoires, et que l'arc de la rue Sully n'a pas été destiné à un portail du cloître.

Nous ne pensons pas non plus que cet arc puisse provenir du portail de l'église des Jacobins, ainsi qu'un auteur l'a avancé. La façade de cette église fut construite par Le Pautre pendant la seconde moitié du XVIIe siècle, tandis que le style de l'arc qui nous occupe appartient sans aucun doute à une époque antérieure. Il ne semble pas d'ailleurs avoir fait partie d'un ordre de colonnes comme celui du portail des Jacobins. Nous trouvons dans les anciens plans de Lyon le dessin de la façade de l'église, qui nous présente en effet deux ordres de colonnes engagées ; le portail pratiqué entre celles du rez-de-chaussée se compose d'un cintre qui s'appuie sur des pieds droits, sans autre intermédiaire qu'une imposte. Dans l'arc de la rue Sully, nous ne voyons pas l'indice d'une combinaison semblable ; nous remarquons, au contraire, deux pilastres richement décorés et qui constituent la partie principale de l'ordonnance architecturale ; ils sont couronnés de magnifiques chapiteaux, et l'entablement à ressaut qui les surmonte se profile de chaque côté des pilastres, de manière à exclure l'emploi des colonnes ou tout au moins à les rendre inutiles. Nous pourrions encore répéter ici ce que nous avons dit plus haut, en parlant des feuillures et des scellements de gonds qui devraient exister si cet arc eût pu servir de portail d'entrée.

De ce qui précède on pourrait conclure que l'arc dont nous offrons le dessin a pu former une communication entre deux parties de l'enceinte intérieure de l'église des Jacobins ; l'écusson qui est sculpté sur la clef pourrait même faire supposer qu'il provient de la chapelle des Gadagne. M. Collombet nous donne sur cette chapelle une description qui peut s'appliquer, en grande partie, à l'arc de la rue Sully (1). Nous lisons, en effet, que la chapelle des Gadagne était embellie de six grosses colonnes d'ordre composite, avec des pilastres supportant des entablements à ressaut. La pierre qu'on y avait employée était une espèce de marbre gris brun, tiré du voisinage de Lyon et connu sous le nom de *Gros Banc*. En examinant l'arc de la rue Sully, nous voyons que celui-ci est aussi embelli de chapiteaux de l'ordre appelé composite, que les entablements sont à ressaut, et que la pierre qui y est employée est celle du Gros Banc de Saint-Cyr. Nous devons ajouter que les assises sont polies sur leurs faces lisses et qu'elles sont appareillées avec soin, ainsi que cela se remarquait dans la chapelle des Gadagne.

Nous donnerons plus tard les dessins de deux médailles à l'effigie de Gadagne, qui ont été trouvées sous le sol de la cour des Archers et que l'on conserve aujourd'hui aux archives de la Ville.

(1) *L'Eglise et le Couvent des Dominicains de Lyon*, p. 16.

MONUMENT DU PONT DU CHANGE.

Vers le milieu du XVIIe siècle, Lyon fut affligé d'une peste terrible, qui moissonna un grand nombre de ses citoyens et qui ne cessa qu'en 1643. Les magistrats redoutant de nouveaux malheurs conçurent le projet de mettre la ville sous la protection de la Vierge; le 12 mars, ils prirent un arrêté suivant lequel ils devaient lui élever deux monuments, l'un sur la terrasse du Change, l'autre au milieu du pont de Saône. Ils allèrent à Fourvière, le 8 septembre, jurer foi et hommage à Notre-Dame (1). C'est par suite de ce vœu que fut élevé le petit oratoire du pont du Change; ses dimensions, sa forme se trouvent déterminées dans le procès-verbal de la séance de délibération. Cependant il ne fut construit qu'en 1659; le plan fut sans doute modifié, puisque le monument qui est parvenu jusqu'à nous, n'est pas conforme aux dispositions de l'ordonnance consulaire où il est parlé de plusieurs arcades et de petites colonnes de pierre noire polie. « En outre ce, lesdits sieurs ont résolu et arresté, » que sur le bout de la pile du pont de Saosne, sur laquelle il y a une croix de pierre posée, » l'on placera une autre figure de la Vierge, de marbre blanc, de la hauteur de cinq pieds » et demi, soubs un petit dôme triangulaire, composé de trois petites arcades, de la largeur » de trois pieds sur six de hauteur, et que celle desdites arcades qui fera face du costé du » midi, qui est celui dudit pont, sera enrichie de deux petites colonnes de pierre noire » polie, de la hauteur de six pieds et de l'ordre dorique, et le reste dudit dôme basti de » mesme pierre noire sans polissure, au-devant duquel dôme sera construit un autel de » ladite pierre noire, au parement duquel autel sera posée une table, aussi de pierre noire » bien polie, pour y écrire telle inscription que l'on résoudra (2). »

La statue de la Vierge et l'inscription ont disparu; les restes du monument ont été transportés en 1820 au bas de la montée du Chemin-Neuf pour être employés à une fontaine; les ornements des chapiteaux et de la frise, qui étaient probablement fort altérés, ont été remplacés par des sculptures empruntées aux attributs maritimes.

Le dessin que M. Chenavard a eu l'obligeance de nous communiquer représente le monument placé sur le pont du Change, à l'endroit où fut construit postérieurement un corps de garde destiné aux pompiers.

(1) *Archives de la Ville.*

(2) M. Cahours. *Notre-Dame-de-Fourvière*, page 240, voir aussi page 245, l'inscription qui était placée sur le monument.

MAISON DES CROPPET DE VARISSAN.

La maison n° 14, rue du Bœuf, a appartenu autrefois à la famille des Croppet de Varissan. Dans l'un des angles de la cour existe un puits au-dessus duquel s'élève une pyramide en pierre, qui fut érigée par les Chanoines-Comtes de Lyon pour perpétuer le souvenir des services qui leur avaient été rendus par les Croppet. Lors de la prise de Lyon par le baron des Adrets en 1562, l'un des Croppet cacha dans ce puits les titres les plus précieux de l'église, ainsi qu'un certain nombre de reliques (1). Les Croppet, originaires de la ville de Cologne, vinrent s'établir à Lyon en 1480 (2). Leur maison paraît avoir été construite pendant le XVIe siècle; elle n'a pas subi de modifications importantes depuis sa fondation.

Le plan d'ensemble comprend deux corps de bâtiments, séparés par une cour et reliés à chaque étage par une petite galerie qui les met en communication. Cette galerie, à l'extrémité de laquelle se trouve l'escalier, est représentée sur une de nos planches par un dessin perspectif qui laisse apercevoir le monument pyramidal dont nous avons parlé. A chaque étage sont pratiquées trois ouvertures, deux petites baies latérales avec plein cintre et une baie rectangulaire, divisée en quatre compartiments par des meneaux prismatiques. Le meneau transversal n'existe plus, mais sa trace se remarque facilement sur les pieds-droits.

Nous avons tracé sur une autre planche l'appareil des deux arcs inférieurs de la galerie; il nous présente un motif intéressant de construction qui se trouve répété dans plusieurs maisons de nos anciens quartiers, notamment dans la rue Treize-Cantons, à la montée St-Barthélemy. Cette combinaison a eu sans doute pour but d'utiliser tout l'espace compris entre les pieds-droits des extrémités et de former une large baie de communication entre l'allée

(1) *Archives de la Ville.*
(2) *Archives de la Ville.*

et la cour, tout en conservant la forme du plein cintre. Le pendentif P paraît ainsi suspendu, mais on a supplée au point d'appui qui semble lui manquer, et on a disposé à cette fin des barres de fer horizontales, scellées à leurs extrémités dans les pieds-droits, de façon à former une espèce d'arc ou de décharge qui supporte le poids de la maçonnerie supérieure. Le pendentif étant assujetti à ces barres de fer, ne subit dès lors aucune pression. L'appareil de cette construction est indiqué sur une de nos planches, dans le dessin qui représente, sur une petite échelle, la face géométrale de la galerie.

La construction du petit monument pyramidal n'offre rien de particulier dans son appareil. Du reste, il se recommande moins par sa valeur artistique que par le souvenir historique qu'il rappelle.

Sur la même planche où se trouve indiqué l'appareil que nous venons de décrire, nous avons tracé les profils et les ornements des moulures qui se rapportent à la face de la galerie. Le profil de la corniche du monument ainsi que le plan de l'un de ses angles s'y trouvent également dessinés.

Nous donnerons sur une autre planche quelques détails de la façade sur la rue en dessinant l'entrée de l'allée et l'une des fenêtres.

Les moulures dont cette maison est décorée n'offrent pas une richesse d'ornementation bien remarquable; cependant leur simplicité n'exclut pas une certaine recherche dans le choix des profils. Les proportions générales des principales parties, telles que l'allée, la galerie, les fenêtres, présentent un aspect satisfaisant.

MAISON DU XVI SIÈCLE

RUE DU BOEUF, 16.

Nous nous sommes arrêté dans cette maison pour dessiner quelques fragments d'architecture qui nous ont semblé dignes d'intérêt. La construction paraît remonter au XVIe siècle; elle se distingue principalement par la distribution de son ensemble, qui annonce plutôt une maison religieuse qu'une maison laïque; du moins l'on peut supposer qu'elle a dû servir autrefois à cet usage, et qu'elle a été abandonnée par la suite pour être occupée par des ateliers que l'on voit encore aujourd'hui.

Le plan général comprend trois corps de bâtiments, disposés autour d'une grande cour à laquelle on arrive par une large allée s'ouvrant sur la rue. Les deux faces, à l'est et au nord de la cour, sont formées par des galeries ou espèces de cloîtres à plusieurs étages, à l'angle desquels se trouve un escalier circulaire assez remarquable ; les marches n'ont pas moins de 38 centimètres de largeur moyenne sur une hauteur de 154 millimètres ; le centre de l'escalier, où se trouve ordinairement le noyau, est occupé ici par une espèce de cellule qui prend jour sur la galerie.

Dans les ouvertures de l'escalier qui sont parallèles à la face de la galerie, nous avons remarqué des rainures pratiquées verticalement dans les pieds-droits et qui semblent avoir été destinées à recevoir des portes ou des grilles pour clore l'escalier.

L'appareil ne présente rien de particulier dans cette construction ; les piliers et les ouvertures des galeries sont appareillés par assises presque cubiques ; les autres parties sont construites en moellons de petite dimension. Sur plusieurs blocs, formant la hauteur d'appui des galeries, nous avons vu la date de 1576 gravée au ciseau.

Sur la même planche où sont représentées les arcades des galeries, nous avons dessiné un écusson en marbre blanc trouvé dans les caves de la maison ; sur la planche où sont dessinés le plan et le profil de l'escalier, nous avons réuni plusieurs détails de menuiserie, de pavage en terre cuite, ainsi que le profil des piliers supportant l'extrémité de la toiture des galeries. Nous ne parlerons que pour mémoire d'un fragment de vitrail en verre blanc existant près de l'escalier ; il est formé de petits carreaux octogones, assemblés au moyen de lames de plomb. Les autres parties de la maison ne présentent rien qui puisse attirer notre attention.

MAISON DU XVII SIÈCLE

RUE CONFORT, 32.

L'une des maisons qui offrent le plus d'intérêt parmi les constructions civiles du XVIIe siècle est sans contredit celle que nous venons de désigner. La façade se distingue surtout par la richesse d'ornementation de la porte d'allée, qui constitue la partie la plus remarquable de l'édifice. Cette maison doit sans doute sa fondation à quelque riche habitant de Lyon, et, à en juger par la distribution de son ensemble, elle semble plutôt avoir été disposée pour une maison à locations que pour une demeure destinée exclusivement à l'usage d'une seule famille.

Le terre-plein de la construction est distribué de la manière la plus simple et la plus commode. Au rez-de-chaussée, l'ouverture de l'allée occupe le centre de la façade; à droite et à gauche existent de grandes pièces qui s'ouvrent sur la rue par de larges baies en plein cintre. L'allée conduit à une cour, à droite de laquelle est disposé un escalier à rampes droites. La partie du bâtiment au fond de la cour forme les arrière-magasins.

A chaque étage de la façade principale, il existe cinq fenêtres, une au centre, correspondant verticalement à l'ouverture de l'allée, et quatre autres réparties à droite et à gauche par deux fenêtres accouplées. Celles-ci étaient divisées elles-mêmes par un meneau vertical démoli aujourd'hui. Nous n'avons indiqué dans notre dessin que deux étages supérieurs, parce que les autres étages sont semblables.

L'ouverture de l'allée se compose d'une baie rectangulaire qui est surmontée d'une imposte; celle-ci est entourée d'une magnifique guirlande de fleurs et de fruits; le vide circulaire est occupé par une grille de fer d'un beau travail, et qui est formée des initiales C. N. répétées en sens inverse et combinées avec des feuillages et des entrelacs de forme elliptique.

Nous trouvons dans le ventail de la porte d'allée un morceau de menuiserie qui n'est pas sans intérêt: il est composé de fortes membrures assemblées autour des panneaux; les moulures qui forment ainsi les encadrements ont un aspect mâle, qui s'allie assez bien avec l'usage auquel est destinée une porte d'allée.

Les grillages à jour qui se développent autour des rampes et des paliers produisent un ensemble d'un bel effet; ils donnent à l'escalier un caractère d'élégance et de richesse qu'on rencontre rarement dans les constructions urbaines de cette époque. Dans celle qui nous occupe, l'art de la serrurerie concourt à la décoration de l'édifice, tandis que, dans beaucoup d'autres maisons, il n'est employé que d'une manière très accessoire.

Les planches qui doivent accompagner les notes que nous venons de donner se composent de plusieurs dessins qui représentent la façade sur la rue, la vue intérieure de l'escalier, l'ensemble de la porte d'allée et quelques détails de menuiserie et de ferrure.

MAISONS ANCIENNES

AYANT APPARTENU AUX PÈRES DE L'ORATOIRE

RUE GENTIL, N° 15, ET RUE NEUVE, N° 20.

Des actes de vente que l'un des propriétaires actuels a bien voulu nous communiquer nous apprennent que les deux corps de bâtiment, qui forment aujourd'hui deux propriétés distinctes, appartenaient autrefois aux Oratoriens de l'institution établie rue de la Vieille-Monnaie. Dans l'*Éloge historique de la ville de Lyon*, par François Menestrier, nous trouvons le passage suivant, relatif à l'institution des Pères de l'Oratoire :

« Denis-Simon de Marquemont, archevêque, appela les Pères de l'Oratoire, qui se » sont logés sur la montagne de Saint-Sébastien ; ils avaient acquis au commencement » une maison nommée *la Maison Verte*, qui était aux Capponi, et avaient bâti une cha- » pelle sur la Grande-Côte ; mais depuis ayant acquis l'ancienne maison des Espinaces, » attenante à leur verger, ils s'y sont logés, et ont placé leur église sur le milieu de la » rue Vieille-Monnaie, vis-à-vis les religieuses de Sainte-Ursule. »

Les Pères de l'Oratoire vinrent s'établir à Lyon au commencement du siècle dernier ; leur arrivée est donc postérieure de plusieurs siècles à la construction de la maison sur la rue Gentil.

A l'époque de la Révolution, les deux maisons ou plutôt les deux corps de bâtiment devinrent la propriété de l'Etat ; ils furent acquis ensuite par un citoyen Feuillet, maçon, qui les revendit le 2 mars 1793 à Détours, architecte. Celui-ci céda, neuf jours après, à la famille Chapelle le bâtiment sur la rue Gentil.

Ce bâtiment, qui remonte à la fin du Moyen-Age, a subi à l'extérieur de nombreuses mutilations ; l'entrée de l'allée est complètement dépouillée de son ornementation ; toutes les moulures des pieds-droits et de l'archivolte, qui faisaient saillie sur le mur de face, ont été entièrement abattues ; la façade sur la rue est donc aujourd'hui sans intérêt.

A l'intérieur, on trouve plusieurs cheminées sur la face desquelles se voient quelques traces d'écussons ayant pour support des figures d'anges ; mais la partie la plus intéressante de la construction est la charpente des planchers, qui se trouve encore heureusement dans un état de conservation à peu près complet.

Les planchers du Moyen-Age ne se rencontrent plus que très rarement à Lyon dans les maisons anciennes; un grand nombre de ceux qui existaient ont été démolis pour être remplacés par des planchers plus en rapport avec les constructions modernes; d'autres, comme dans la maison qui nous occupe, se trouvent cachés sous les plafonds au plâtre dont ils ont été recouverts. Celui que nous représentons sur une de nos planches est encore apparent aujourd'hui; il existe au premier étage et se trouve presque reproduit à tous les autres étages. Nous n'avons représenté que deux travées, les autres étant semblables. Le système employé à sa construction consiste en une série de pièces principales et parallèles, formées de poutres s'appuyant sur les murs; pour leur donner plus de saillie, on les a assemblées longitudinalement avec deux plateaux posés de champ et réunis eux-mêmes par une membrure qui termine inférieurement ces maîtresses-poutres. D'autres pièces semblables et parallèles aussi viennent couper les premières à angle droit, en formant des compartiments carrés, dans lesquels se croisent les nervures qui forment les subdivisions rectangulaires du plafond.

La coupe placée au bas de notre planche montre l'assemblage de ces plateaux avec les poutres. La figure au dessus représente le plan d'un partie du plancher.

Menuiserie de la Renaissance. — Nous avons dit que les deux corps de bâtiment appartenaient autrefois aux Pères de l'Oratoire. Après avoir décrit celui qui se trouve sur la rue Gentil, il nous reste à parler de celui qui porte le n° 20 sur la rue Neuve. Celui-ci est d'une origine moins ancienne que le premier, et il a subi quelques changements qui lui donnent à peu près l'aspect d'une construction moderne; son ensemble n'offre presque pas d'intérêt; toute l'attention des artistes doit se porter sur la menuiserie du portail, que le temps a heureusement respectée. Les dessins que nous publions font mieux connaître qu'une description toutes les beautés que nous offre cette porte; il suffit d'analyser ici la composition de l'ensemble, le crayon fera le reste.

Dans la plupart des portails qui forment l'entrée des maisons anciennes, le vide circulaire de l'arcade est occupé par un grillage de fer scellé dans la pierre; la porte ou le ventail en menuiserie n'occupe que la hauteur comprise entre la naissance de cette arcade et la base des pieds-droits. Dans la porte de la rue Neuve, la menuiserie remplit au contraire toute la baie du portail, en se divisant dès lors en deux parties distinctes; l'une, qui est fixe, occupe le vide circulaire de l'arcade; l'autre, qui est mobile, occupe la hauteur des pieds-droits. Cette partie mobile est elle-même subdivisée en plusieurs brisures, dont deux verticales, à droite et à gauche, et une transversale. De cette façon, on peut ouvrir le portail dans une partie de sa largeur seulement, ou dans sa largeur entière, comme cela se pratique encore de nos jours dans quelques maisons où l'entrée sert tout à la fois au passage des voitures et des gens à pied.

Un système très ingénieux a été employé pour la décoration de cette porte : sur les encadrements de la partie du milieu et sur l'imposte fixe, on a figuré l'appareil d'une construction en pierre. Ce système se rencontre assez fréquemment dans les édifices de la Renaissance ; mais celui-ci est le seul que nous ayons trouvé à Lyon, à moins que l'on ne puisse ranger dans cette catégorie une autre porte qui existe rue du Bœuf, n° 6, mais dont l'importance est tout à fait secondaire. Celle-ci ne présente qu'une surface lisse sur laquelle on a creusé les joints imitant l'appareil, tandis que celle de la rue Neuve présente un appareil appelé *rustique*, dans lequel la différence des saillies laisse voir les assises et les voussoirs principaux, sur la tête desquels se voient des arabesques de la plus belle exécution.

Le caractère profane de cette porte pourrait faire supposer qu'elle n'a pas toujours appartenu à la maison où on la voit aujourd'hui, et qu'elle a pu être enlevée de quelque autre maison pour être placée dans celle-là, postérieurement au départ des religieux. Quoique cette question ne présente pas un intérêt digne d'être discuté, nous devons faire remarquer que l'ensemble du portail, c'est-à-dire la maçonnerie et la menuiserie, nous semble parfaitement homogène, et que le ventail en menuiserie paraît occuper la place qui lui a été assignée à l'origine. Ensuite on doit penser que les Pères de l'Oratoire ont religieusement respecté cette belle page de l'art, et que les propriétaires qui se sont succédé depuis lors ont eu le bon esprit de l'entretenir et de la conserver.

FRAGMENTS DIVERS

PROVENANT D'UNE ANCIENNE MAISON

RUE JUIVERIE, N° 10.

Parmi les édifices anciens qui font de la rue Juiverie l'une des plus importantes sous le rapport archéologique, nous devons une mention particulière à la maison n° 10, où se trouvent réunis de nombreux fragments du plus haut intérêt. La construction, telle qu'elle existe aujourd'hui, a subi des changements qui sont l'ouvrage de plusieurs siècles : ainsi, l'escalier et les parties qui l'avoisinent remontent à la fin du Moyen-Age ; la façade sur la rue est due à l'art de la Renaissance, et les décorations qui enrichissent les appartements sont de ce même style mélangé de celui du XVIIe siècle. Les appartements du premier étage attirent surtout l'attention par le luxe qu'on y découvre. On peut supposer qu'ils ont appartenu à quelque personnage opulent ; mais, comme les archives ne nous apprennent rien de certain à ce sujet, nous avons entrepris quelques recherches dont nous ferons connaître le résultat à la fin de notre ouvrage.

PLAN GÉNÉRAL. — La distribution du plan au premier étage nous offre l'ensemble à peu près complet d'une habitation de premier ordre. Au milieu de la superficie totale, nous voyons une pièce très vaste, A, qui servait sans doute de salle d'attente ; elle prend jour sur une cour, B, dans l'angle de laquelle se trouve l'escalier ; l'entrée s'ouvre sur un palier, C, faisant suite à l'escalier. Nous avons tracé dans le plan de cette salle des lignes ponctuées qui indiquent la charpente du plancher ; cette charpente se compose de poutres disposées comme celles de la rue Gentil.

La salle d'attente précède immédiatement une salle à manger, D, où se voient de beaux restes de menuiserie et de peinture ; elle est éclairée par deux fenêtres faisant face à une autre cour, E. La couverture ou le plancher supérieur consiste en une sorte de voûte en arc de cloître, au centre de laquelle s'ouvre un lanternon rectangulaire qui s'élève à une hauteur considérable au dessus du sol, de façon à augmenter la quantité d'air et de lumière qui était nécessaire autrefois. Les quatre faces des murs étaient revêtues de lambris en bois peints et dorés, dont il reste une notable portion. Au dessus et dans l'espace compris entre le haut des lambris et la naissance de la voûte, les murs sont peints à fresque. Au milieu de la face nord s'élève un dressoir qui monte jusqu'au sommet des lambris ; à droite et à gauche sont ménagées deux espèces de niches terminées inférieurement par un beau bassin sculpté. Une haute cheminée, décorée autrefois de médaillons, occupe l'un des côtés de la face méridionale ; au lieu d'être placée au milieu et dans l'axe du dressoir, elle a été reculée jusque vers l'angle de la salle pour laisser plus de largeur à la porte placée à l'angle opposé.

Les pièces qui se trouvent situées du côté de la rue sont au nombre de cinq : quatre qui sont désignées dans le plan par les lettres G, H, I, L, et un petit cabinet, M. La pièce G et le petit cabinet M se distinguent principalement par leurs plafonds en toile, où se voient de magnifiques peintures du XVIIe siècle.

Les cuisines et les autres dépendances affectées autrefois au service de l'habitation existent dans la partie à l'ouest du bâtiment ; elles sont reliées avec les appartements au moyen des galeries O, qui forment les communications avec l'escalier et la salle à manger. Cette partie du bâtiment et toutes les autres pièces sont occupées aujourd'hui par des ateliers pour lesquels on a dû faire quelques changements dans la distribution des appartements et des cours qui les avoisinent, afin d'approprier le local à sa destination actuelle.

FAÇADE. — L'ordonnance architecturale de la façade se caractérise seulement au rez-de-chaussée, à l'exclusion des étages supérieurs. Ceux-ci ne nous présentent que de simples fenêtres rectangulaires, sans autre décoration que des bandeaux lisses, tandis que de grandes arcades, surmontées d'entablements et de frontons, occupent toute la longueur du rez-de-chaussée, en présentant alternativement un arc surbaissé et un arc en plein-cintre. Envisagées isolément, ces ouvertures offrent un certain intérêt, principalement celle qui forme l'entrée de l'allée; mais la façade, considérée dans son ensemble, paraît accuser un défaut d'harmonie dans la combinaison des lignes principales : cette zône d'arcades surmontées de frontons semble indépendante du reste de la façade, bien que tout l'ensemble soit de la même époque. Sans doute, on n'a attaché aucune importance à la décoration extérieure des autres étages, et on a réservé pour le rez-de-chaussée les ressources dont on pouvait disposer pour l'embellissement de cette partie de l'édifice. Nous devons ajouter que la distribution en vastes magasins de la surface du rez-de-chaussée a dû motiver en partie l'emploi des arcades dont nous parlons.

Un luxe particulier d'ornementation distingue l'ouverture de l'allée de toutes les autres; la plupart des moulures sont délicatement sculptées, et le vide circulaire de la baie est rempli par une grille de bronze d'un beau travail. La même pierre, qui provient du Gros Banc de Saint-Cyr, a été employée à toutes les ouvertures; les assises sont appareillées avec soin et sont polies sur leurs faces apparentes.

Les planches qui se rapportent à la construction se composent d'un plan général de l'habitation, d'un dessin de l'entrée de l'allée avec les détails des ornements; deux des autres ouvertures sont indiquées sur une autre planche.

INTÉRIEUR. — La décoration, dont nous avons dit quelques mots en parlant de la distribution générale de la maison, fera l'objet de plusieurs dessins que nous devons expliquer. L'un d'eux représente une coupe de la salle à manger, prise parallèlement à la face du dressoir. Les bassins en pierre sculptée qui sont indiqués sur cette planche, gravée par M. FUGÈRE, sont dessinés sur une plus grande échelle. Dans le plan tracé à la partie inférieure, nous avons indiqué les deux réservoirs qui subsistent encore en partie avec des arrachements de tuyaux : les uns qui formaient la naissance des robinets au dessus des bassins[1], les autres qui servaient à renouveler l'eau du réservoir. Ces derniers se perdent dans la muraille, derrière laquelle se trouve une cour avec un puits, dépendant tous deux de la maison voisine, où se voit la galerie de Philibert de l'Orme.

La fresque, au dessus du dressoir, est assez bien conservée, et on peut encore la distinguer sous la poussière qui la couvre; les ornements sont peints en bleu sur un fond grisaillé.

Pour compléter l'étude relative à la salle à manger, nous donnerons un dessin de la cheminée faisant face au dressoir; les autres parties sont à peu près sans intérêt; on n'y retrouve que quelques traces de peinture que le temps efface tous les jours. Nous avons dû nous hâter de relever nos dessins avant que la salle fût occupée par une machine qu'on y a établie. La vapeur fait mouvoir aujourd'hui des engrenages et des leviers de toutes sortes dans ces appartements habités autrefois par de hauts dignitaires.

Dans la partie supérieure de l'une de nos planches, nous avons réuni quelques exemples de cheminées de marbre noir qui existent dans les appartements, et qui nous ont semblé offrir quelque intérêt.

Nous devons aux soins aussi consciencieux que désintéressés de M. Louis Perrin la planche qui représente la peinture des plafonds. Nous n'avons représenté que le quart de la surface; l'étoile qui figure en partie dans l'un des angles du dessin occupe par conséquent le centre dans l'exécution. L'autre peinture offre le même caractère de style et d'exécution, mais elle est moins bien conservée.

M. F...., attaché autrefois au service de M. de la Madeleine, nous a communiqué quelques notes que nous devons enregistrer. L'un des plus anciens propriétaires que l'on connaisse est M. Roche. M. de Constant, qui posséda ensuite cette maison, la donna à sa fille, qui fut Mme Deschamps, mère de M. Deschamps de la Madeleine. Plus tard, elle fut donnée par testament aux enfants Devaux de Fortier, puis à M. de Brives, qui la possède aujourd'hui.

Nota. — M. Chaize, qui dirige les ateliers occupant ce loca, a facilité nos recherches par son obligeance; nous devons à ses avis, donnés en temps opportun, de pouvoir dresser les dessins que nous publions.

GALERIE DE PHILIBERT DE L'ORME

RUE JUIVERIE, N° 8.

La maison n° 8, contiguë à celle que nous venons de décrire, a été, comme celle-ci, modifiée par des reconstructions partielles et successives, auxquelles l'art du XVIe siècle a eu le plus de part. Le corps de la construction, qui remonte au Moyen-Age, se reconnait bien encore par quelques unes des dispositions architecturales particulières à l'art de cette époque, mais toutes les portions dignes de quelque intérêt appartiennent au style de la Renaissance. Au nombre des fragments que le temps a respectés, nous signalerons de magnifiques cheminées et de belles menuiseries qui se voient dans les appartements.

Sous le double rapport de la science et de l'art, la galerie de Philibert de l'Orme constitue la partie importante de la maison qui nous occupe. Nous allons essayer d'en faire une étude en empruntant à Philibert de l'Orme lui-même la description qu'il en faite dans son traité d'architecture. Nous copions textuellement le passage du chapitre où il traite de la construction des trompes.

« I'en ay aussi ordonné et conduit, longtemps y a, deux autres à Lyon, beaucoup plus » difficiles, et d'assez grande saillie, veu le petit lieu où elles sont, et aussi que l'une est » biaise, rempante, soubaissée et ronde par le deuant; l'autre estant à l'angle opposite » fut faicte en sa pleine montée, ronde par le deuant et de grande saillie. Sur chacune des- » dictes trompes furent erigez des cabinets accompagnez de galeries d'une trompe à l'autre : » le tout estant suspendu en l'air afin de seruir pour aller d'un corps d'hostel à l'autre, et » accommoder les cabinets pour les chambres. Laquelle chose rend ces deux logis fort aisez » et commodes, qui estoient autrement tresmal à propos et fort incommodes, pour n'y » pouvoir rien construire, à cause de la cour qui estoit fort estroite et longue; comme » aussi le logis de grande hauteur, qui me fit trouuer telle inuention. Vous verrez sur la- » dicte trompe un ordre dorique et ionique, desquels ie laisse le iugement à ceux qui les » contempleront et qui s'y entendront. Ie fis faire tel œuvre l'an 1536, à mon retour de » Rome et voyage d'Italie, lequel i'avois entrepris pour la poursuite de mes études et inuen- » tions pour l'architecture. Les deux susdictes trompes furent faictes pour le général de » Bretaigne, Monsieur Billau, en la rue de la Iuifverie à Lyon. I'en ay depuis commandé

» et ordonné faire en autres sortes et soubs tel nombre que ie serois bien long de les » reciter. »

Après avoir parlé de la trompe du château d'Anet, qu'il fit construire en employant sa méthode géométrique pour le tracé des épures, il continue en disant : « Ie suis bien » asseuré que tous les ouuriers de ce royaume n'avoient iamais ouy parler de semblable » trompe à celle que ie fis faire à Lyon, estant (ainsi que nous l'auons dict) soubaissée, » biaise et rempante, et quasi les trois quarts de sa rondeur en saillie; ne aussi à celle que » i'ai faict faire audict Anet, qui est grandement prisée par ceux qui font de l'art ; com- » bien que s'ils vouloient prendre peine d'estudier, et entendre la methode que i'en escris, » ie m'asseure qu'ils en pourroient faire et excogiter de plus estranges. Si ie rencontre les » hommes à propos, i'en feray faire d'une autre sorte, laquelle on admirera dauantage. » I'en trouuay le traict et inuentay l'artifice en ladicte année mil cinq cent trente et six, » par le moyen et ayde de géométrie et grand travail d'esprit : lequel ie n'ay plain et de- » puis, ains plustost louer Dieu grandement, de ce que d'un seul traict et seule façon de » trompe on les peult faire toutes. Le discours en seroit plus long si ie ne craignois qu'on » pensast que mon dire procedast de gloire, laquelle ie ne me voudrois aucunement attri- » buer, mais bien la laisser à Dieu seul auquel elle appartient, comme tout honneur et » louange. »

Ainsi que cette description nous l'apprend, la construction des trompes avait pour but de relier deux ailes de bâtiment en les mettant en communication sans anticiper sur le sol de la cour. Philibert de l'Orme s'est servi des moyens dont l'art de bâtir disposait à cette époque, et il en a tiré parti avec toute l'habileté qu'il déployait dans la pratique de son art. Les ouvertures existant sur les ailes de bâtiment qui avoisinent la cour ne lui ont pas permis d'apporter dans la construction de ces trompes toute la symétrie qu'il eût sans doute désirée. Sur le côté gauche, il avait à ménager le passage d'une terrasse qui conduit à un appartement du premier étage, et au dessous de laquelle se trouvent une petite fenêtre et une porte qui devaient être également respectées; les mêmes dispositions n'existant pas sur le côté droit de la cour, cela explique la différence qui se remarque dans la hauteur des trompes et des pavillons qui les accompagnent. La trompe placée à droite, au dessus d'un puits dont elle abrite l'orifice, est celle que Philibert de l'Orme appelle *biaise*, *soubaissée et rempante*, tandis que celle de gauche est *faicte en sa pleine montée et ronde par le deuant.* Pour expliquer cette forme particulière à chacune d'elles, il faut examiner le plan de cette partie de la cour où se trouve adossée la construction qui nous occupe : on voit que les angles *a a*, aux deux extrémités, sont inégaux, et que les centres *o o* des trompes ne se trouvent pas sur une ligne parallèle à la galerie. Le pavillon à gauche, qui servait peut-être de cabinet, occupe ainsi une plus grande surface que le pavillon de l'autre extrémité, dont l'usage avait sans doute moins d'importance.

La galerie proprement dite était sans doute ouverte autrefois; il n'existe, dans les arcades, aucune feuillure ni aucun scellement qui annonce l'emploi d'une clôture quelconque; on doit supposer que les châssis vitrés que l'on y voit aujourd'hui sont postérieurs à la construction de l'édifice. Les pavillons étaient seuls fermés par des portes en menuiserie, s'ouvrant dans l'intérieur, et les fenêtres des cabinets étaient pourvues de vitrages protégés par des barreaux de fer. Nous indiquons sur une de nos planches un fragment de vitrage qui existe encore dans la tour à droite; il est composé de petits cercles disposés en quinconce et assemblés par des lames de plomb, comme cela se pratiquait antérieurement pour les verrières du moyen âge.

M. Chenavard a eu l'obligeance de nous communiquer une série de dessins se rapportant à cet édifice, et parmi lesquels nous voyons l'indication des peintures qui ornaient les archivoltes et les pilastres à l'intérieur de la galerie. De nombreuses inscriptions en lettres dorées se lisaient sur les portes, sur les pilastres et sur les archivoltes; on les aperçoit en partie sous le badigeon dont les murs ont été recouverts. M Flacheron a reproduit une grande partie de ces inscriptions à la suite de l'éloge de Ph. de l'Orme. Nous devons les rappeler ici, en les complétant par celles que M. Chenavard a lui-même recueillies :

Porte au-dessus de la galerie,

Côté méridional, sur le larmier,

CONTENDITE INTRARE PER AUGUSTAM PORTAM.

Sur la frise,

MULTI QUAERENT INTRARE ET NON POTERUNT.

Sur l'archivolte,

OMNIS ENIM QUI PETIT ACCEPIT, ET QUI QUÆRIT INVENIT.

Sur les ventaux,

QUI PETIT ACCEPIT, QUI QUAERIT INVENIT

Côté septentrional de la même porte,

Sur le larmier,

REGNUM COELORUM VIM PATITUR.

Sur la frise,

ILLOTIS MANIBUS. PROCUL ESTE PROPHANI. ILLOTIS MANIBUS.

Sur l'architrave,

PULSATE ET APERIETUR VOBIS.

Sur les ventaux,

QUI NON INTRAT PER OSTIUM, FUR EST ET LATRO.

Pilastre entre la première et la deuxième fenêtre du Sud au Nord,

Sur le larmier,

UBI AMICI, IBI OPES.

Sous l'astragale,

OMNIA DONAT VIRTUS.

Pilastre entre la deuxième et troisième fenêtre,

Sur le larmier,

NON OMNIA POSSUMUS OMNES.

Sous l'astragale,

DATUM ET DESUPER.

Sur le fût du pilastre,

NON ET MORTALE QUOD OPTAMUS.

Quatrième pilastre,

Sur le larmier,

HAC ITUR AD ASTRA.

Sur le fût du pilastre,

NEC DULCIA DIFFERT IN ANNUM.

SEMPER ALIQUID NOVI FERT APHRICA.

Deuxième pilastre septentrional, façade Est,

Sur le larmier,

SATIS FECISSE SATIS.

Sur le fût du pilastre,

ERUTMIN. . . UR,

MELIUS NIL CAELIBE VITA

NO BENE FROTOTO LIBERTAS VENDITUR ARO

IN MAGNIS SAT EST VOLUISSE.

Sur le larmier,

IGNOTI NULLA CUPIDO.

Sur le fût,

OPERUM DISCOLOR ET . . . (le reste est illisible)
IGNORENTIA MALUM
NUBI SPIRITUS DOMINI IBI LIBERTAS.

Porte au Nord de la galerie,

Au-dessus de la frise,

PROBIS IMPROBISQUE PAR ADITUS DISPAR EXITUS.

Sur la frise.

NOLI SUPRA CREPIDAS JUDICARE
CARPERE PROMTIUS QUAM IMITARI.

Sur le linteau,

NULLUS EXPERS MATHEMATICES INGREDIATUR.

Archivoltes de la façade Est, *en face des fenêtres*,

Celle au centre,

COELI ENARRANT GLORIAM DEI ET . . O . . . MANUV . . . N.
VO FECIT DEUS LUMINARIA MAGNA QUOR MATEI ALTER . . . NO . . .
ELLISO PLENA.

Archivolte au Nord du précédent,

VOVITUR HAEC SEMPER NON REDDITURA . R . . S . . S . . .
IN OMNI LOCO OCULI DOMINI CONTEMPLANTUR BONOS
ET N . . .

Archivolte en face du précédent,

Côté des fenêtres,

MIRABILES FLATIO IS MIRABILIS IN ALTIS DO.

Archivolte au Sud du précédent,

LAUDATE DOMINUM SOLUM STELLAE ET LUMEN.

Archivoltes transversales à la galerie,

Celle du côté nord,

OMNIA ORTA OCCIDUNT ET SANCTA SENESCUNT
UM NON EST O. P. TIO PERSONARUM.

Deuxième archivolte au sud,

Face au nord,

TRANSITE PER TEMPORALIA NON AMITTENTES AETERNA
VIR . . . SAPIENS DOMI . . . BITUR ASTRIS
PLENI SUNT COELI ET TERRA AESTATIS GLORIAE TUAE
CREAVIT DEUS ASTRI . . . OELI IN. M . . . TERIUM
CUNCTIS GENTIBUS.

Dans le mémoire couronné par l'Académie de Lyon le 28 août 1814 (1), M. FLACHERON s'exprime ainsi en parlant de la construction qui nous occupe :

« De l'Orme, revenu en l'année 1536 de la capitale des arts, goûtait à Lyon quelque » repos au sein de sa famille, lorsque le général de Bretagne (Etienne BILLAU) (2), vou- » lant rendre son hôtel, situé rue de la Juiverie, plus commode et plus agréable, consulte » le jeune architecte, dont il avait su apprécier le mérite. Le premier pas que de l'Orme fit » alors dans la carrière fut celui d'un maître consommé.

» Pour établir une communication facile entre deux corps d'hôtel, il jette hardiment » deux trompes de saillie considérable, qui supportent des pavillons circulaires réunis par » une galerie couverte, et, comme s'il eût voulu montrer qu'il se jouait des plus grandes » difficultés que présente la stéréotomie, il construit l'une de ces trompes en *tour ronde et* » *pleine montée*, sur angle rentrant, et rend l'autre *biaise*, *rampante et surbaissée*. Jaloux » même d'embellir cet admirable chef-d'œuvre de l'art du trait de tous les ornements » que prête l'architecture, il décora les trompes d'un entablement dorique, et employa » pour la galerie et les tours rondes l'ordonnance ionique avec un succès parfait. On peut » le remarquer, il est plus facile de sentir que d'exprimer l'effet agréable que produit cette » fabrique pittoresque, à laquelle la science et le goût ont également présidé.

« Au même temps, le frontispice de l'église de Saint-Nizier annonçait une ruine » prochaine ; il est en partie réédifié par Philibert de l'Orme, qui, donnant un plus » grand essor à son génie, et ayant l'esprit encore frappé des beautés du Panthéon, » s'efforce de nous faire connaître le charme que produisent les colonnes disposées en » rotonde. A la place d'un portail en tour creuse sur plan d'ogive gothique s'élèvent » majestueusement quatre colonnes doriques cannelées, dont l'entablement denticulaire » se couronne d'une coupole sphérique. En admirant cette heureuse composition, dont

(1) *Recueil sur Lyon*, vol. XII, *Eloge de Ph. de l'Orme*, par M. FLACHERON, architecte.

(2) M. MOREL DE VOLEINE, dont l'érudition et le dévouement viennent souvent à votre aide, nous fait remarquer que le nom de cette maison est défiguré dans l'édition du *Traité d'Architecture* de Ph. de l'Orme ; c'est BUILLOUD qu'il faut lire.

» les Grâces semblaient elles-mêmes avoir tracé tous les contours ; on est forcé de convenir » que la grandeur des proportions, la régularité de l'appareil et la richesse des ornements » réveillent le souvenir des beaux monuments de l'antiquité. Cet éloge n'appartient cependant qu'à l'ordonnance dorique qui embellit l'entrée de la grande nef et non aux deux » portes des nefs latérales, dont l'une a conservé jusqu'à ce jour sa forme gothique, et » l'autre a été flanquée de pilastres inutilement raccourcis par des piédestaux, et, du reste, » si dissemblables aux imposantes colonnes de la principale porte, qu'ils ne peuvent être » attribués au génie et au goût éclairé de Philibert de l'Orme.

» Quelles sensations les partisans de l'architecture gothique durent-ils éprouver lorsque » pour la première fois ils virent des colonnes et des moulures d'une mâle proportion » remplacer les striures et les baguettes en faisceaux qui formaient les principaux ornements de leurs édifices ? Sans doute ils éprouvèrent d'abord un sentiment de confusion » et de douleur ; mais à ce premier sentiment dut succéder bientôt celui de l'admiration (1).

» Cependant la renommée publiait en tout lieu le nom de Philibert de l'Orme. Elle » apprenait au cardinal du Bellay, alors évêque de Paris, qu'il ne pouvait confier à de plus » habiles mains les constructions qu'il méditait.

» A la prière de cet auguste prélat, de l'Orme abandonne les travaux qu'il dirigeait à » Lyon, et son absence explique les écarts de ses faibles imitateurs dans l'avant-corps » méridional de la façade de Saint-Nizier (2). Bientôt les plans du château de Saint-Maur- » des-Fossés, près Paris, ajoutent un nouvel éclat à la réputation de leur auteur, et le car- » dinal du Bellay, pour rendre hommage à son mérite, saisit l'occasion de produire » Philibert de l'Orme à la cour des rois de France. »

Appareil. — Dans l'ensemble de cette construction, il se présente une division qu'il convient d'indiquer ici : la partie destinée à supporter la galerie et la galerie elle-même. La première partie est comprise entre la naissance des trompes et la corniche de l'entablement dorique; elle constitue l'œuvre importante du constructeur, dans laquelle l'art du trait fait l'objet principal de l'étude.

(1) A propos de cette citation, nous devons rappeler à nos lecteurs que l'*Éloge de Philibert de l'Orme*, par M. Flacheron, porte la date de 1814. A cette époque, le style ogival, improprement appelé *gothique*, était traité de barbare, même par les hommes les plus instruits. Mais, depuis lors, le mouvement archéologique qui s'est manifesté de toutes parts, sous l'inspiration de quelques intelligences supérieures, a ramené les esprits à une plus saine appréciation des divers styles architectoniques, et l'art du moyen-âge, né du christianisme, est admiré aujourd'hui de tous ceux qui prennent la peine de l'étudier.

(2) Cet avant-corps, dont M. Benoit a commencé la restauration, sera de style ogival, comme celui du côté nord.

Les planches où se trouvent représentés le plan et la face extérieure de l'édifice nous montrent deux appuis principaux aux angles nord et midi, et au dessus desquels s'élèvent les trompes et les pavillons. Un troisième appui intermédiaire, servant de base à un double arc-boutant, complète les éléments de la construction. Sur le dessin de la face extérieure nous avons tracé les joints qui résultent de l'appareil des trompes; du moins nous avons indiqué plus particulièrement ceux qui partent du *trompillon* en se développant en éventail jusqu'à la tête des voussoirs extérieurs. Les joints parallèles à la courbe de tête sont en petit nombre dans le dessin; il ne nous a pas été possible de les indiquer tous, parce que la face interne de la trompe est recouverte d'une espèce d'enduit ou de stuc très dur qui ne permet pas de les distinguer. Il est bon de remarquer que les joints de tête, comme les joints latéraux, ne sont pas distribués d'une manière uniforme. Philibert de l'Orme a sans doute utilisé les matériaux qu'il avait à sa disposition, sans se préoccuper de l'uniformité de leurs dimensions, qui n'était pas indispensable à la solidité de l'appareil.

L'étude de ce genre d'appareil, ainsi que les épures et les explications qui s'y rattachent, se trouvant dans presque tous les ouvrages qui traitent de la coupe des pierres et même dans le *Traité d'Architecture* de Philibert de l'Orme, nous nous dispenserons de faire une étude spéciale de l'exemple qui nous occupe; nous ne nous arrêterons pas non plus à l'appareil des fenêtres : il ne présente rien qui soit digne de remarque.

Ornementation. — La face extérieure, envisagée dans ses détails, nous rappelle assez exactement les formes architecturales des édifices anciens de l'Italie; les profils sont les mêmes; on y retrouve jusqu'aux motifs des métopes qui ornent les entablements doriques des temples romains. Parmi les attributs qu'on voit figurer sur ces édifices, on remarque fréquemment des têtes de taureaux ornées de bandelettes, et dont l'emploi comme moyen de décoration est suffisamment motivé par le souvenir des sacrifices qui entraient dans les cérémonies religieuses des anciens. Mais, dans un édifice du XVIe siècle, comme celui de la rue Juiverie, construit pour l'usage particulier d'un receveur des finances, l'application d'un ornement semblable peut s'expliquer par l'enthousiasme que faisaient naître chez les artistes de la Renaissance les monuments de l'ancienne Rome (1). Philibert de l'Orme, au début de sa carrière, subissait sans doute lui-même cette influence, qui se rectifia plus tard, sous l'empire de cet esprit d'examen et d'analyse qui caractérisait son génie.

(1) Les têtes de taureaux sculptées sur la corniche dorique de la galerie sont indiquées dans la planche d'ensemble gravée par M. Séon.

Nous reproduisons sur une de nos planches les chapiteaux dorique et ionique dont Philibert de l'Orme laisse *le iugement à ceux qui les contempleront et qui s'y entendront.* Au bas de cette planche et au dessous du plan de la galerie se trouve représentée la partie supérieure du support en fer auquel est appendue la poulie du puits, et au milieu duquel se voit un écu portant les armes de Builloud, dont M. Morel de Voleine a bien voulu nous communiquer l'interprétation; ces armes sont : *tranché d'argent sur azur à six besants et tourteaux de l'un en l'autre.*

Par la figure 2, au dessus du plan, nous avons indiqué la coupe d'une des travées intérieures prises parallèlement à la face de la galerie, et sur lesquelles se voyaient autrefois des arabesques avec les inscriptions dont nous avons parlé. Une couche épaisse de badigeon les a fait disparaître et les a préservées ainsi d'une destruction complète. En nous servant de l'eau bouillante pour enlever le badigeon, nous avons mis à découvert une portion de peinture que nous avons pu calquer avec exactitude. Le détail chromolithographié qui accompagne les dessins d'ensemble en est la reproduction; il nous montre les ornements peints sur l'un des chapiteaux de l'intérieur, que nous avons figuré, en outre, sur une petite échelle dans la figure 2 dont nous venons de parler.

Les profils des chapiteaux et des arcades qui y prennent naissance sont absolument semblables à ceux des chapiteaux des impostes extérieures et des fenêtres. La peinture polychrôme, employée ici pour la décoration, se fait surtout remarquer dans les petits intervalles triangulaires entre les arcs, ainsi que dans les clefs des arcades; les autres parties, à l'exception de quelques filets, dont les uns sont denticulés, ne paraissent pas avoir été peintes. Les inscriptions, comme nous l'avons dit, se lisaient sur les plantes-bandes des arcs et se continuaient par lignes horizontales jusque sur la face des pilastres (1).

Cheminées. — Nous réunissons sur plusieurs planches les dessins de deux cheminées qui avaient été remarquées depuis longtemps par M. Chenavard, et dont il a bien voulu nous confier les détails. Elles occupent toutes deux la hauteur des appartements, et se divisent, comme la plupart des cheminées de la même époque, en deux parties, dont l'une, inférieure, forme l'*âtre*, et l'autre, supérieure, formant ce qu'on appelle communément le *trumeau*, est enrichie d'un sujet peint ou sculpté.

L'une de ces cheminées, celle de plus grande largeur, se distingue principalement par

(1) Suivant une assertion attribuée par M. Cochard à M. Flacheron, l'hôtel Builloud aurait été habité par le célèbre peintre Stella, qui aurait décoré de peintures à fresque l'intérieur de la galerie. Ces peintures seraient celles dont nous offrons le spécimen.

une grande richesse d'ornementation et par un caractère presque monumental qui rappelle l'intérieur des habitations princières au XVIe siècle.

L'autre cheminée présente un ensemble d'une combinaison différente et d'un aspect plus modeste. Le trumeau, orné de sculptures en bas-relief, est divisé en trois compartiments, dont le principal occupe le milieu en se terminant au sommet par un arc en plein cintre. Ces panneaux reposent sur un socle à moulures larges et lisses, qui s'appuie lui-même sur le bandeau de la cheminée, dont toute la décoration consiste en une moulure simple régnant tout autour.

Aux deux côtés de cette cheminée, il existe des portes en boiserie noircie par le temps, mais dans lesquelles on découve encore quelques traces de leur ancien luxe; ainsi, au dessus des ventaux des portes, on remarque de très beaux cadres sculptés et dorés, au milieu desquels on aperçoit quelques restes de peinture dont on ne distingue plus le sujet. Nous essaierons de donner quelques détails de ces fragments de menuiserie, qui méritent d'être examinés.

MAISON BUILLOUD

RUE DU BOEUF, N° 12.

Nous devons à l'obligeance de notre honorable confrère, M. Émile PERRET, les dessins et la notice que nous publions sur cette maison (1).

Au nombre des habitations intéressantes que l'on trouve dans notre ville, et Lyon en compte encore quelques unes, vient se placer en première ligne une maison sise dans la rue du Bœuf et portant le n° 12.

Construite dans le XVIe siècle, alors qu'une architecture à la couleur puissante et nouvelle se popularisait en France avec le titre, nouveau aussi, d'architecture française ou de la Renaissance, habitée par les membres d'une famille ancienne, dont la cité s'honore et qui la posséda pendant de nombreuses années, cette maison réunit le double mérite d'être une œuvre d'art dans quelques unes de ses parties et d'occuper sa place dans l'histoire lyonnaise, point de vue deux fois brillant et qui nous encourage à en parler.

Sans ornement extérieur que des jours dont tout le luxe réside dans des proportions heureuses et une entrée principale, cintrée à fronton porté par des pilastres dont l'ordonnance fort sage ne manque pas d'une certaine élégance, elle se recommande surtout comme œuvre architecturale par une façade donnant sur une cour et en face de l'escalier principal.

Cette façade disposée en galerie, dont trois étages sont décorés d'arcs surbaissés avec clefs et archivoltes et le quatrième couvert par une plate-bande servant autrefois de corniche, fut construite ainsi pour mettre en relation les appartements du corps-de-logis s'élevant sur la rue avec ceux du bâtiment établi dans une partie plus reculée.

Nous ne donnerons pas la description diffuse et minutieuse des détails divers d'architecture dont ces galeries sont ornées ; nous ne dirons point longuement toute l'élégance simple et de bon ton répandue par une main habile et sur la forme générale et sur ses

(1) Cette notice, qui porte la date du 20 juin 1854, a été lue par M. Émile PERRET à la Société académique d'Architecture de Lyon.

parties diverses. Cette maison porte encore aujourd'hui écrit sur ses murs le nom de ses premiers propriétaires, et sur une clef de l'arc du rez-de-chaussée on retrouve, oublié par la Révolution de 1793, l'écusson des Builloud ; c'est en dire assez.

Déjà brillante à Lyon en 1206 et 1260, puisque à ces époques il est question dans l'histoire d'Étienne, de Gérard et de Jean Builloud, comme étant de la maison du palais des archevêques, soutenant leurs droits et commandant même leurs troupes, cette famille portait : *tranché d'argent et d'azur à trois tourteaux et trois besants de l'un à l'autre en orle.*

Les arts, qui nous consolent et nous soutiennent, ainsi que nos vrais amis, quand l'adversité nous frappe, grandissent encore et ceux qui les cultivent et ceux qui, haut placés, les encouragent et les protégent ; et si le nom des Builloud est connu par des hommes de lettres, des guerriers, des magistrats et des savants qui tous l'ont si noblement porté ; s'il brille au commencement du XVIe siècle par une femme aimable, Sibylle Builloud, qui eut, à cette époque, le talent de plaire, par le charme de sa conversation animée, instructive et spirituelle à la très vertueuse Anne de Bretagne, « *reine de fort gentil et subtil esprit*, *et*, dit Brantôme, *le recueil des dames*, *damoiselles et honestes filles*, » ce nom est plus célèbre encore par l'appréciation intelligente et de bon goût qu'un descendant de cette grande maison fit du talent de Philibert de l'Orme rapportant à sa patrie les trésors de ses recherches savantes et de ses études sérieuses sur l'art antique. On le sait, Étienne Builloud, général de Bretagne, résidant à Lyon, fut le premier, en 1536, qui, ayant découvert tout le mérite du jeune architecte, le consulta pour son hôtel de la rue Juiverie.

Tout le monde connait le chef-d'œuvre par lequel le maitre répondit à la confiance qui lui était accordée, et le nom du grand artiste, aujourd'hui immortel, illustrerait à lui seul le nom de l'homme éclairé qui sut le comprendre, si ce nom n'était déjà grand et illustre par lui-même.

Cette famille, alliée aux Sala, qui, au XVe siècle, construisirent avec les débris du palais des empereurs romains une vaste habitation à laquelle ils donnèrent dès lors la dénomination d'*Antiquaille*, possédait à Lyon plusieurs belles maisons, dont quelques unes subsistent encore. Celle dont nous nous entretenons en faisait partie.

Pierre Builloud l'occupait dans le XVIe siècle, et, à cette époque, un fait curieux pour l'histoire des lettres s'y passa ; qu'il nous soit permis de le rappeler.

Un des Builloud était jésuite ; il était né à Lyon le 27 janvier 1588 et mourut dans la maison du Grand-Collége en 1661. Homme de lettres et auteur, entre plusieurs ouvrages appréciés, d'un manuscrit ayant pour titre : *Clari dignitatibus Lugdunenses*, il raconte, dans son *Lugdunum sacro-profanum*, que son père, Pierre Builloud, procureur général au parlement de Dombes, séant à Lyon, écrivain profond, savant dans les langues et magistrat distingué, et qui mourut à Paris en 1597, avait été élevé par le fameux Génebrard, archevêque d'Aix.

Ce prélat, dit-il, s'étant trouvé à Lyon en 1589, Pierre Builloud lui donnna un dîner qui devint en quelque sorte, dit Monfalcon, un évènement littéraire par le mérite éminent des convives. En effet, on y vit deux cardinaux, Henri Caëtan, légat en France sous Sixte V, et Robert Bellarmin, célèbre par sa piété et son savoir : ce dernier, d'abord jésuite, fut fait cardinal par le pape Clément VIII, qui l'appela auprès de lui pour avoir, disait-il, un homme qui ne lui cachât jamais la vérité. Il fut par ses écrits un des plus grands soutiens de la cour de Rome.

Là se trouvèrent encore François Panigaroles, célèbre prédicateur, auteur d'un traité sur la prédication, et qui fut fait évêque d'Ast; Bernardin Castor, savant jésuite, professeur de rhétorique au collége de la Trinité, et Mathieu de Vozelles, ami de l'amphitryon, descendant de Mathieu Vozelles, avocat général au parlement de Dombes, avocat du roi en la sénéchaussée de Lyon, conseiller de ville en 1524, et qui, par son testament fait en 1560, substitua tous ses immeubles à l'hôpital de Lyon.

Ce festin académique fut, à cette époque, appelé *le festin des sept sages*, et les Lyonnais en parlèrent longtemps; il se fit dans la maison paternelle des Builloud encore existante et désignée, dit Pernetti alors qu'il écrivait *les Lyonnais dignes de mémoire*, par les armes de cette famille qui sont sur la porte. Ceci était écrit avant la Révolution ; aujourd'hui ces armes, comme tant d'autres, sont effacées ; mais l'histoire reste et nous dit quelles elles étaient et quels hommes les portaient.

De ces noms historiques attachés à de grandes fortunes et de cette réunion brillante ne serait-il pas naturel de conclure que cette maison était construite sur un vaste terrain, dans des proportions larges et imposantes, et réunissant déjà toutes ces dispositions si recherchées de nos jours? Les habitudes changent avec les époques, et aujourd'hui un artisan devenu riche et rentier se logerait à peine dans une maison où un homme opulent qui l'habitait reçut à une même table deux princes de l'Église, un évêque, des savants et des hommes occupant une haute position sociale par leurs richesses et leurs dignités.

HOTEL PATERIN

RUE JUIVERIE, N° 4.

Au nombre des édifices anciens qui se recommandent tout à la fois par les souvenirs qu'ils rappellent et par le mérite architectural, nous devons compter la maison désignée communément sous le nom d'*Hôtel Paterin*. La date de sa fondation remonte à cette époque qui vit à Lyon tant de familles distinguées se partager les dignités et les charges des emplois. Le nom des Paterin se trouve compris dans cette nombreuse illustration d'hommes célèbres dont l'histoire lyonnaise a conservé le souvenir. Suivant une opinion assez répandue, les Paterin auraient fondé l'hôtel qui porte leur nom, ou du moins ils l'auraient agrandi et restauré pour l'approprier à leur usage.

Claude Paterin, qui vivait sous le règne de François Ier, était fils de Laurent Paterin, lieutenant-général en la sénéchaussée de Lyon. Il hérita des titres et des charges de son père, et il fut envoyé à l'assemblée d'Orléans qui s'y tint contre Jules II. Son caractère généreux et bienfaisant l'avait fait surnommer *le père du peuple* (1).

Après les Paterin, l'hôtel passa en d'autres mains. Il appartient aujourd'hui à la famille de Monbrian, qui a sauvé de la destruction plusieurs morceaux intéressants qui proviennent de cet hôtel.

Une vaste superficie est occupée par les bâtiments et les cours qui composent l'ensemble de cette grande habitation. La cour principale, à laquelle on arrive de la rue Juiverie par une large rampe, formait sans doute autrefois la cour d'honneur. Les pièces principales devaient, suivant toute vraisemblance, occuper le corps-de-logis sur la rue. Les pièces moins importantes, ainsi que les dépendances, se distribuaient dans les corps-de-logis sur la montée Saint-Barthélemy et sur le côté méridional de l'hôtel.

Le flanc de la colline contre lequel se trouve appuyée la construction a motivé l'élévation du sol de la cour et de la terrasse au dessus du sol de la rue Juiverie. Le niveau de

(1) *Les Lyonnais dignes de mémoire.*

l'allée qui débouche sur la montée Saint-Barthélemy est à la même hauteur que le pavé du premier étage de la galerie. De petites cours existent entre les bâtiments placés sur le côté méridional ; l'une d'elles est principalement destinée à procurer l'air èt la lumière à de petits appartements en entre-sol qui sont pris sur la hauteur de l'étage, divisée ainsi en deux parties. Cette disposition spéciale indique suffisamment que là étaient logés les gens attachés au service de la maison. Un escalier qui dessert exclusivement ces petits appartements rendait tout à fait indépendante cette partie de l'habitation ; de telle sorte que le personnel domestique n'était pas obligé de passer par l'escalier principal et la cour d'honneur, dont l'usage était réservé aux grands ou au princes que Paterin recevait chez lui.

La partie la plus remarquable de la cour d'honneur, celle qui présente un véritable intérêt artistique, est la façade méridionale dans laquelle s'ouvrent de grandes arcades appuyées sur des colonnes cylindriques. La superposition des arcades et des colonnes à chaque étage contribue à donner à cette partie de l'édifice un aspect monumental et grandiose, que fait encore valoir le vaste escalier circulaire dont les courbes apparaissent sous forme de spirales au travers des arcades.

Le côté qui fait face à cette galerie est dépourvu aujourd'hui de toute espèce d'ornementation : c'est une immense muraille qui ne diffère en rien des modestes murs mitoyens de nos constructions actuelles ; mais, au dire de quelques vieillards qui ont vu ce palais dans un état de délabrement moins avancé, il y avait de belles peintures qui ornaient les faces de la cour. Cette décoration suppléait à l'absence des lignes architecturales, et faisaient en quelque sorte un agréable tableau dont les hôtes du lieu pouvaient jouir tout à leur aise en parcourant l'escalier et les divers étages de la galerie.

L'intérieur de l'hôtel est presque entièrement dépouillé des lambris et des autres décorations qui faisaient de cette demeure une habitation princière. Nous n'avons trouvé que quelques restes de boiseries dont le style, moins ancien que celui du corps de l'édifice, appartient à l'art du XVIIe siècle ou de la fin du XVIe. Le buste de Henri IV, que M. de Monbrian conserve chez lui et qui se trouvait placé au dessus de la première arcade au rez-de-chaussée de la galerie, ferait supposer que l'hôtel a été modifié en partie sous le règne de ce prince, qui l'aurait peut-être visité lors de son passage à Lyon.

Nous reproduisons sur une de nos planches le dessin d'un trumeau dont le couronnement en menuiserie, sculpté et peint, nous a paru offrir quelque intérêt, quoique par le caractère du style il s'éloigne un peu de la forme pure et correcte de la belle époque de la Renaissance.

Sur d'autres planches sont représentés le plan général et la galerie dont nous avons parlé.

FAÇADE D'UNE MAISON

RUE LAINERIE.

Nous n'avons aucun renseignement historique sur la maison de l'élégante façade de laquelle nous reproduisons le dessin. Cependant, autant que le caractère architectural d'un édifice peut faire juger du mérite ou de la position sociale de ceux qui l'habitent, nous pourrions hasarder quelques conjectures sur les noms des hommes qui ont pu occuper autrefois ce local.

Suivant M. Cochard, les Palmier et les Scarron avaient leur domicile dans cette rue. Pernetti nous apprend, de son côté, que Jean Palmier, docteur ès lois, l'un des députés de Lyon aux États-Généraux de Tours, vivait en 1483. Si nous comparons cette date avec la période archéologique qui se rapporte à cette maison, la seule ayant un aspect artistique parmi les maisons de cette rue, nous trouvons une coïncidence qui peut faire admettre, avec assez de vraisemblance, que Palmier a pu l'habiter au xve siècle, s'il n'en a été lui-même le premier propriétaire.

Comme distribution intérieure, la plan de la maison, dont la surface a d'ailleurs peu d'étendue, ne se recommande par aucune particularité digne de remarque. La façade faisant retour sur la rue Lainerie, dont elle forme aussi un angle saillant, se distingue entre toutes nos maisons du xve siècle par un état de conservation qui permet d'apprécier exactement le style et l'aspect architectoniques d'une maison de cette époque. Les meneaux des fenêtres et les vitrages au plomb ont seuls disparu pour faire place aux châssis de nos maisons actuelles.

Nous avons cru devoir reproduire l'ensemble restitué de la façade avec le détail de l'une des fenêtres du premier étage. Les profils des cordons et des autres parties de la façade complèteront l'étude de cette jolie construction.

MAISON

RUE JUIVERIE, N° 23.

Notre histoire locale ne fournit aucune indication précise sur la destination originaire de cette maison. Le seul renseignement certain que nous ayons pu recueillir se trouve dans le plan de Jacquemin, qui désigne sous le nom de *maison Dugaz* celle qui fait l'angle oriental de la rue Juiverie et de la rue de la Loge. Dans *les Lyonnais dignes de mémoire*, Pernetti nous apprend que Henri III écrivait, en 1583, au sieur Dugaz pour lui recommander de maintenir dans l'obéissance le pays de Thurins. Cette date de 1583 se rapporte assez exactement au style de la maison pour faire supposer que l'un des membres de la famille Dugaz a été le fondateur de cet édifice.

Le développement considérable de la façade, soit en longueur, soit en hauteur, en fait d'ailleurs une des maisons les plus importantes de la rue Juiverie, et l'on serait porté à croire que c'est l'une de celles que le comte de Gabalis a voulu sous-entendre en faisant allusion à la rue Juiverie et aux trésors cachés dans onze de ses maisons (1).

Nous représentons sur nos planches le plan du rez-de-chaussée et l'élévation de la façade dont le soubassement se distingue surtout par le caractère de son architecture.

(1) *Tableau de Lyon.*

MAISON

QUAI DE BONDY, N° 68.

Une inscription placée sur la façade qui regarde la cour de cette maison nous indique la date de sa fondation.

REGIV. SECULORUM. IMMORTALI
ET. INVISIBILI. SOLI. DEO. HONOR
ET. GLORIA. PERFECTUM.
ANNO. DNI
1617

Les dessins gravés sur nos planches nous représentent l'élévation de la façade sur le quai avec les détails de son ornementation. Sous le rapport de l'art, c'est l'une des maisons les plus remarquables du XVIIe siècle; elle se distingue surtout par l'originalité de son style. L'état de conservation dans lequel elle se trouve contribue d'ailleurs à faire valoir le caractère grave et mesuré de son architecture. Elle a été un moment menacée d'une modification qui eût notablement altéré l'aspect de la façade ; cette modification était même sur le point de s'effectuer, lorsque la Société académique d'Architecture est venue suspendre la détermination du propriétaire, en protestant, dans l'intérêt de l'art, contre le projet qui faisait disparaître la partie inférieure des fenêtres.

HOTEL DE GADAGNE.

Suivant l'opinion de M. Cochard, la rue de Gadagne a été ouverte dans le milieu du XVIe siècle et a porté le nom de rue de la Boissette. Elle prit celui de Gadagne lorsque les enfants de Thomas Gadagne achetèrent ce qui compose aujourd'hui l'hôtel de ce nom.

Nous trouvons dans le plan de Ménestrier les bâtiments situés à l'emplacement de l'hôtel actuel de Gadagne, portant le nom de Belregard. On sait que le plan du P. Ménestrier nous montre l'état de Lyon sous les règnes de François Ier et de Henri II ; il est donc probable que l'hôtel de Gadagne, dont les bâtiments principaux remontent à la fin du Moyen-Age, est celui que Ménestrier a désigné sous le nom de *Belregard.*

Nous croyons inutile de parler des changements que l'art de la Renaissance est venu apporter dans cette habitation lors de son acquisition par les Gadagne. On sait qu'au XVIe siècle il se fit une révolution dans l'art de bâtir, et que la plupart des constructions civiles de l'époque ogivale subirent une transformation dans leurs agencements intérieurs et quelquefois même jusque dans le caractère architectural de leurs façades.

L'hôtel de Gadagne ne se distingue dans son ensemble que par l'étendue assez considérable des constructions, qui laissent entre elles une cour rectangulaire très spacieuse, sur laquelle se montrent les façades mutilées et irrégulières des divers corps-de-logis occupés aujourd'hui par des ateliers.

Parmi les objets dignes d'intérêt que l'on retrouve encore dans cet hôtel, nous devons citer une cheminée très remarquable, qui est un spécimen de ces hautes constructions sous lesquelles on pouvait aisément se tenir debout devant un large foyer où brûlait un tronc d'arbre tout entier.

Nous avons trouvé, rue des Farges, une autre cheminée de moindre dimension, mais dont le dessous du manteau se distingue par un ornement sculpté en feuille de chardon.

Parmi les objets qui ont le plus contribué à rendre populaires les souvenirs qui se rattachent à l'hôtel de Gadagne, surtout chez les ouvriers en bâtiments, on connait la fameuse grille qui clôt cette espèce de larmier appelé vulgairement *voûte de Gadagne*. Il n'est peut-être pas un compagnon serrurier (sur le tour de France) qui ne soit amené par ses camarades au devant de cette mystérieuse grille qui a, dit-on, exercé en vain la sagacité de plus d'un maître du métier. Tout le monde sait que les ouvriers des diverses professions étaient organisés autrefois en corporations. A cette époque, le droit de compagnon et celui de maître n'étaient conférés qu'après un examen qui constatait l'habileté et l'expérience du récipiendaire. Celui-ci était tenu de produire un *chef-d'œuvre*, qui consistait en un travail manuel dont le résultat devait présenter un modèle d'objet d'art relatif à sa profession. Le charpentier exécutait, sur une petite échelle, un comble, un escalier tournant, ou toute autre partie de charpente ; le serrurier confectionnait une grille ou une serrure.

La grille de Gadagne est peut-être le *chef-d'œuvre* de quelque apprenti ou compagnon qui sollicitait de l'avancement. Quelle que soit, du reste, la valeur de cette opinion purement conjecturale, nous voyons dans la grille de Gadagne plutôt un jeu d'adresse ou d'imagination qu'une combinaison motivée par un besoin de construction ou par quelque raison de sûreté ; quant au prétendu secret du montage ou du démontage, il se trouve suffisamment révélé par notre planche, à l'aide des numéros indiquant l'ordre du déplacement des barres (1).

Dans l'un des corps-de-logis qui forment l'aile occidentale de l'hôtel, nous avons remarqué un plafond à demi détruit, dans lequel se trouvent réunis tous nos éléments actuels de décoration d'intérieur, y compris le carton-pâte que l'on croyait d'invention moderne. Le corps du plafond est en charpente ou menuiserie ; c'est un lambris en planches jointives, sur lequel sont clouées les moulures saillantes formant les compartiments. Tous les ornements en relief, en carton, sont fixés, à l'aide de clous, soit dans les frises, soit dans les divers compartiments qui se partagent la surface du lambris ; puis on a appliqué une peinture sur tout cela, après avoir couvert préalablement d'une toile toutes les grandes surfaces lisses, afin de cacher les joints des lambris. Les toiles et la peinture ont presque entièrement disparu ; c'est à peine si l'on aperçoit quelques traces qui laissent deviner la couleur. Ainsi, les ornements en carton étaient or sur un fond vermillon, les moulures en menuiserie étaient peintes en grisaille ou en bleu.

Nous regrettons que l'état de ruine de ce plafond ne nous ait pas permis de reproduire par la lithochromie l'éclat éblouissant que devait produire son ornementation.

(1) On commence par enlever la barre verticale n° 1, celle à gauche ; puis celle horizontale n° 1 ; ensuite la barre verticale à droite n° 2 ; enfin la barre horizontale du haut n° 2. Ces quatre barres enlevées, on recommence dans le même ordre le déplacement d'une nouvelle série de quatre barres, et l'on continue de même jusqu'à la dernière série.

MAISON

DITE MAISON VALOIS OU DU BARON DES ADRETS

RUE TRAMASSAC.

Les archives de la Société d'Architecture nous ont fourni un dessin de feu M. Dalgabio qui a reproduit avec beaucoup de fidélité la façade d'une maison faisant face aujourd'hui à l'église Saint-Jean. Les auteurs anciens ne nous apprennent rien de certain sur l'origine de cette maison, non plus que sur les noms des citoyens qui l'ont possédée autrefois. Nous ignorons, du reste, sur quel document est appuyée la dénomination qu'on lui donne maintenant. Toutefois, il est certain que la date de sa fondation remonte au milieu du XVIe siècle et qu'elle a dû être bâtie pour l'usage de quelque famille notable de cette époque. Par sa forme et par les dispositions architecturales de ses parties, elle nous offre un exemple bien caractérisé d'une habitation privée ayant quelque tendance à l'aspect d'un château. La façade, flanquée de tours en saillie ayant des combles aigus, est, comme on sait, une réminiscence des constructions féodales des siècles précédents. Les donjons et les tours employés comme moyens de défense pendant le Moyen-Age changèrent plus tard de caractère et furent simplement appropriés aux usages domestiques des habitations de premier ordre.

L'influence de l'école italienne se fait sentir ici dans le style architectonique de la maison Valois; on peut dès lors supposer qu'elle doit son origine à l'un de ces industrieux et opulents Italiens qui habitaient autrefois Lyon et dont Pernetti a enregistré les noms dans ses *Lyonnais dignes de mémoire.*

Dans l'état où se trouve aujourd'hui la construction, le pavillon du côté nord se trouve masqué par une maison moderne, mais le pavillon du côté opposé fait assez voir ce qu'était la façade primitive. Les croisillons en pierre qui divisent les fenêtres n'existent plus ; il reste cependant quelques arrachements qui ne laissent aucun doute sur leur existence à l'origine de la construction.

ESCALIER ET PUITS ELLIPTIQUE

MONTÉE SAINT-BARTHÉLEMY, N°s 19 ET 21.

Les anciennes constructions qui occupent une si grande étendue dans cette partie de la montée Saint-Barthélemy qui fait face à la maison de Saint-Lazare, sont les restes d'un ancien séminaire, dont les historiens nous racontent l'origine : « En face de la maison de » Saint-Lazare se trouve la communauté de la Propagation de la Foi ou des Nouvelles » Catholiques. C'est un établissement fait en 1659 pour l'instruction des femmes ou filles » protestantes qui voudraient embrasser la religion catholique sans être exposées aux » obstacles que les gens de leur secte pourraient mettre à leur conversion (1). »

Les bâtiments affectés autrefois au service du séminaire composent aujourd'hui plusieurs maisons particulières occupées par des ateliers. De grands corps-de-logis desservis par plusieurs escaliers, dont le plus important a son entrée sur la montée Saint-Barthélemy, forment entre eux une cour assez vaste, dans laquelle existent plusieurs puits d'eau potable.

L'une de nos planches représente une coupe avec le plan et les détails du grand escalier dont la tour s'élève sur la montée Saint-Barthélemy. L'appareil et la construction des plates-bandes supportant les rampes méritent d'être examinés. De grands arcs qui s'élancent avec hardiesse du départ à l'arrivée de la rampe, d'autres plus petits ayant leurs retombées en forme de clef pendante sous le premier palier, constituent la partie importante et remarquable de la construction (2). Les garde-corps, composés de riches balustres en bois, achèvent de caractériser ce morceau intéressant d'architecture.

Le puits, dont nous devons le dessin à M. Flachat, se distingue par la forme elliptique de l'orifice ; ensuite les ferrures qui composent la roue et ses accessoires sont des détails qui ont quelque intérêt.

(1) *Lyon tel qu'il était.*

(2) Nous avons expliqué la construction des arcs en clef pendante en parlant de la maison des Groppel de Varisson.

BUREAU DE L'AUMONE GÉNÉRALE

(AUJOURD'HUI HOTEL DU PARC).

Un fragment tiré de l'hôtel du Parc et faisant l'objet d'un joli dessin extrait des archives de la Société d'Architecture nous a paru digne d'interêt : il représente l'entrée du bureau de l'Aumône générale, l'une des annexes du grand Hôtel-Dieu pendant le XVIIe siècle. Nous lisons dans un ancien ouvrage une description où il est parlé de l'Aumône générale; nous pensons qu'on le lira avec quelque intérêt :

« Av commencement que l'Aumosne générale fut instituée, ceux qui en eurent les pre-
» miers la charge, poussez d'vn zèle charitable, firent bastir vn bureau au couuent de
» Sainct-Bonauenture, où l'on s'assembloit tous les dimanches. Depuis on iugea plus à
» propos d'en faire construire vn dessus les Terreaux, ioignant l'hospital Saincte-Catherine,
» où estoient les filles adoptives de l'Aumosne, afin de les pouuoir plus souuent visiter
» et de donner ordre à ce qu'elles fussent éleuées à la crainte de Dieu et à la bien-séance.
» Joignant ce bureau, l'on y fit bastir des archiues pour y retirer les papiers de l'Aumosne
» et des pauures adoptifs (1). »

L'ancien bureau de l'Aumône générale est enclavé aujourd'hui dans les bâtiments servant à l'hôtel du Parc. La porte d'entrée est coupée par un palier qui relie aujourd'hui les deux avant-corps des extrémités de la façade. Ces avant-corps présentent l'un et l'autre trop peu d'intérêt pour être reproduits dans un dessin ; l'un d'eux est d'ailleurs entièrement changé depuis que l'on y a appliqué de nouvelles constructions.

L'époque de la fondation du bureau remonte à la fin du XVIIe siècle ; si le chiffre gravé sur l'entablement supérieur paraît incertain, le style de l'architecture indique au moins d'une manière positive la période de temps pendant laquelle a été construit l'édifice.

Dans la niche pratiquée à la partie supérieure de l'entrée il y avait sans doute une statue, peut-être celle de sainte Catherine; on se rappelle que l'hôpital sous le vocable de cette sainte joignait le bureau de l'Aumône générale. Nous avons restitué aux fenêtres les croisillons qui existaient et que l'appareil nous a indiqués.

(1) *Institution de l'Aumosne générale de Lyon*, chap. XXXVI, pag. 81.

MAISON DE SAINT-CHARLES

RUE DE LA GERBE, N° 13.

Au dire d'un ancien historien lyonnais (1), il y avait dans notre ville six confréries différentes sous le vocable de saint Charles ; nous ignorons s'il faut compter dans ce nombre le séminaire qui se trouve indiqué sur le plan gravé par Jacquemin.

Le séminaire de Saint-Charles couvre une superficie considérable de terrain dans le voisinage des rues de la Gerbe et du Villard ; cela ferait supposer qu'il était l'un des établissements religieux les plus importants des siècles derniers. On y retrouve, comme dans toutes les maisons ayant une destination religieuse, de grandes cours entourées de bâtiments, dont quelques uns présentent à l'intérieur de hautes galeries en arcades formant des espèces de cloîtres.

Une partie des bâtiments du séminaire appartient aujourd'hui à M. de Ruolz ; c'est la maison qui porte le n° 13 sur la rue de la Gerbe.

Les dessins figurés sur nos planches représentent plusieurs étages des arcades qui s'ouvrent sur la cour ; elles ne règnent pas tout autour de celle-ci ; elles ne sont, à proprement parler, que de vastes paliers recouverts, établissant la communication entre l'escalier principal et le corps de bâtiment qui fait face à la rue de la Gerbe.

Une porte en claire-voie fermait l'entrée des paliers ou galeries du côté de l'escalier. Les fuseaux tournés qui constituent le système de cette clôture, ont de l'analogie avec les balustres en bois qui se retrouvent si fréquemment dans les balcons et les escaliers de nos anciennes maisons.

Nous avons cru utile de reproduire l'aspect de la porte d'allée, qui a une certaine valeur artistique, à cause de son ornementation et de la figure sculptée en très bas-relief sur le panneau du milieu (2).

(1) *Lyon tel qu'il était.*

(2) L'ouverture de la rue Impériale a fait disparaître ce qui restait de l'ancien séminaire de Saint-Charles ; les morceaux d'architecture dont nous venons de parler sont par conséquent démolis.

HOTEL DES GÉNÉRALES OU HOTEL DE MILAN

RUE DES GÉNÉRALES.

Les historiens lyonnais nous fournissent quelques documents que nous devons rapporter ici. Les moines de Bonnevaux, près de Vienne, ayant acheté dans le XIVe siècle une maison à l'angle de la rue Grenette et de celle qui porte aujourd'hui le nom de Bonnevaux, celle-ci fut appelée de leur nom Bonnevaux. La maison appartenait, au commencement du XVIe siècle, à Jean Seytre, bailli du Viennois. C'est sur son emplacement qu'il fit bâtir un hôtel qu'il vendit en 1523 à Maximilien Sforce, duc de Milan. Ce prince, ayant cédé ses États à François Ier, vint habiter cet hôtel, qui s'appelle aujourd'hui *hôtel de Milan*. Après la mort du duc, il passa entre les mains de Claude de Bourges, général des finances de Piémont. Sa veuve, Françoise de Mornay, le posséda longtemps ; c'est à cause d'elle que cette partie de la rue Bonnevaux fut appelée de la Générale, et par corruption des Générales.

Les protestants achetèrent en 1561 cet édifice et y établirent leur prêche, leur magasin d'armes et le logement de leurs ministres. Ils le vendirent quelque temps après pour se procurer un logement plus commode.

Telle est l'origine de cet édifice à peine reconnaissable aujourd'hui, à cause des changements ou des additions que l'on y a apportés depuis un siècle. Autant que l'on peut en juger par ce qui reste, on doit supposer qu'il y avait une cour spacieuse entourée de corps-de-logis. Celui qui est au côté nord de la cour est plus ancien que celle-ci ; il remonte à la fin du Moyen-Age, tandis que le côté méridional et le portique en arcades sont dus à l'art de la Renaissance. C'est sans doute cette partie que Jean Seytre fit édifier au XVIe siècle pour former, avec les bâtiments déjà existants, l'hôtel qu'il vendit plus tard au duc de Milan.

Les arcs surbaissés qui s'appuient sur des colonnes monolithes ornées d'élégants chapiteaux sont représentés sur une de nos planches. Du moins nous n'indiquons que l'une des arcades, les autres étant semblables quant à leur dimension et à leur forme ; une légère variante se distingue seule dans l'ornementation des chapiteaux. Les consoles renversées qui se voient à la retombée des arcs et au dessus des chapiteaux se recommandent plutôt par la richesse de leur ornementation que par l'utilité de leur emploi ; elles ne paraissent guère avoir d'autre objet que celui de dissimuler le point de contact entre les moulures formant les archivoltes.

MAISON GAYOT

RUE MERCIÈRE, N° 50.

D'après les documents qui nous ont été communiqués par M. Morel de Voleine, cette maison a appartenu à Louis Gayot, tige des Gayot de la Bussière. Louis Gayot était prévôt des marchands en 1681 ; ses armes, qui se voient sur l'imposte en fer de l'allée, sont *d'or à la bande d'azur chargée de trois étoiles d'or*, *accostée de deux trèfles de sinople*. Quelques personnes désignent cette maison sous le nom de *maison de Langes*. Nous n'avons rien trouvé dans les anciens ouvrages qui puisse autoriser cette désignation. Nicolas de Langes, conseiller au parlement de Dombes, et qui naquit en 1525, donna son nom à une maison située au dessus de Fourvières ; il posséda aussi la maison des Trinitaires, au bas de la montée du Gourguillon.

Le plan de Lyon par Ménestrier semble faire dépendre cette maison de l'ancienne propriété des religieux de Saint-Antoine, dont l'église se trouvait vers la rue Petit-David. Nous ne pouvons pas affirmer qu'elle ait fait partie de l'abbaye de Saint-Antoine ; nous sommes plutôt porté à croire qu'elle formait une propriété indépendante. On sait d'ailleurs que la maison avec vaste cour, qui est voisine de celle dont nous parlons, porte encore le nom de *Saint-Antoine*, et que l'étendue considérable de terrain sur laquelle elle est assise annonce un établissement d'une grande importance et ayant dû suffire à tous les besoins de la vie monastique.

M. Cochard parle d'une maison de la rue Mercière, qu'il dit avoir été habitée par l'imprimeur Guillaume Roville vers le milieu du XVIe siècle ; mais il ajoute que ce citoyen en légua l'administration aux recteurs de l'Hôtel-Dieu. Il est donc peu probable que M. Cochard ait voulu parler de la maison n° 50. Quelle que soit du reste l'origine de la maison qui nous occupe et les noms de ses premiers propriétaires, on reconnaît aisément qu'avant d'appartenir à Louis Gayot, au XVIIe siècle, elle avait déjà subi d'importantes modifications, principalement sur la rue Mercière et dans la cour, où l'art de la Renaissance est mélangé à l'art du Moyen-Age. Dans l'un des angles de la cour, voisin de l'escalier, il y avait un puits dont l'orifice est caché aujourd'hui, mais le petit couronnement qui l'abritait a été conservé ; il rappelle par son style le puits de la rue Saint-Jean.

La porte d'entrée sur la rue nous montre dans le vide circulaire de l'ouverture un spécimen, très curieux et très rare à Lyon, de ferronnerie peinte avec un certain luxe de métaux, qui devait produire l'effet le plus brillant, en même temps qu'il préservait le fer de l'oxydation. Nous en reproduisons une portion sur une de nos planches. Quant à l'écusson en bois placé au centre, c'est une addition faite au XVIIe siècle, à l'époque où Louis Gayot devint propriétaire de la maison.

FRAGMENTS D'UNE MAISON

RUE MERCIÈRE, N° 68.

Nous devons à l'obligeance de M. Henri Durand, conseiller à la Cour impériale de Lyon, les notes qui se rapportent à cette maison ; nous les reproduisons textuellement, à cause de leur intérêt historique et de leur justesse d'appréciation par rapport aux dispositions architecturales de la construction :

« La maison qui forme l'angle sud-ouest de la rue Mercière et de la rue Petit-David ou de la Monnaie est remarquable par son architecture, qui la rattache aux temps de Henri II, de François II et de Charles IX. Des voûtes contournées sont jetées avec bonheur et avec hardiesse ; les tailles sont en pierre noire polie, malheureusement recouverte d'une couche de badigeon ; tous les détails en sont soignés, et il est fâcheux que, sur une architecture élégante et riche, on ait élevé un troisième étage, dont les lignes sans goût et sans rapport avec le dessin général font un déplorable contraste.

» Avant 1542, cet emplacement était couvert par une maison qui appartenait à l'abbaye d'Ainay et qu'on appelait *la cave d'Ainay* ou d'*Esnay*, comme on disait alors. Son exposition au nord et à l'est et son sol élevé le rendaient très convenable pour la conservation des vins ; aussi les caves étaient vastes, bien distribuées ; les corridors étaient pavés en larges dalles, ainsi qu'il convenait aux caves d'une riche abbaye.

» Les premiers titres translatifs de cette propriété sont une indication de ce qu'était, vers le milieu du XVIe siècle, la valeur des terrains bâtis dans cette partie de la ville, de l'état social à cette époque, et de la facilité avec laquelle se transformaient alors la position et le nom des familles.

» Le 5 janvier 1542, la maison est vendue à *honorable homme Hugues de la Porte, marchand-bourgeois de Lyon*, par révérendissime Monseigneur Nicolas, diacre-cardinal de Gaddis, abbé commendataire d'Ainay. Les religieux, appelés à délibérer sur l'opportunité de la vente, opposèrent une résistance énergique. Il leur fut remontré que la maison, depuis *trente ans en çà*, ne se louait que 50, 60 et 80 livres tournois, qu'elle demandait des réparations qui coûteraient au moins 3,000 écus d'or au soleil, que les bâtiments des domaines de l'abbaye étaient en ruines pour la plupart, que les revenus étaient fort réduits, que les droits seigneuriaux se payaient mal, et qu'il y avait impossibilité de faire face aux dépenses qu'entrainerait la réparation de la maison appelée *la cave d'Ainay*.

» Ces raisons n'ébranlèrent pas la résistance des religieux ; mais l'influence du vicaire général et du cardinal de Gaddis l'emporta. La maison fut vendue au prix de 500 *escus d'or sol* (5,500 fr.), d'une rente perpétuelle de 100 livres tournois et d'*un cent de vingt* deniers tournois.

» En 1569, l'abbé commendataire, Monseigneur Gribaldi, archevêque de Vienne, fut obligé de vendre la rente perpétuelle de 100 livres. Les guerres de religion troublaient déjà la France ; le pape Pie IV, pour aider le roi dans la guerre que S. M. faisait à aucuns de ses sujets rebelles et autres étrangers, hérétiques, ennemis de Dieu, perturbateurs du repos public, pour empêcher leurs pervers et malheureux desseins tendant à la ruine et anéantissement du royaume et état ecclésiastique, et considérant que cette guerre semblait spécialement dirigée contre l'honneur de Dieu et de son Église, autorisa l'aliénation perpétuelle d'une partie du temporel des églises de France jusqu'à concurrence de 50,000 écus d'or au soleil.

» C'est pour fournir sa part contributive que l'abbé commendataire consentit au rachat de la rente moyennant 1,500 livres tournois. Dans les trois actes qui constituent l'acquisition et le paiement, on peut remarquer la transition par laquelle Hugues de la Porte arrive à transformer sa position sociale.

» Dans l'acte de 1542, il acquiert sous le nom de *honorable homme Hugues de la Porte, marchand-bourgeois de Lyon.*

» En 1569, au mois d'avril, il paie 1,000 livres à compte du rachat, et il est dénommé *noble homme Hugues de la Porte, sieur de Bertha.*

» Et la même année, il paie le solde de 500 livres tournois, mais sous le nom de *sieur de Bertha.* Le nom de Laporte revient par réminiscence, puis il disparaît, et il ne reste plus que *de Bertha.*

» Qu'est devenue cette famille? Le nom de Bertha n'est plus connu à Lyon. Cette famille a-t-elle suivi d'autres chances heureuses, ou est-elle venue se perdre, comme souvent cela arrive, dans les classes ouvrières? Brille-t-elle sous un autre nom sur les hauteurs de l'ordre social? Nul ne le sait. Le nom a disparu, mais l'œuvre est restée. La maison élevée par M. de Bertha sur l'emplacement de la cave d'Ainay attire encore l'attention, et nous nous plaisons à penser que M. de Bertha était digne de sa fortune, puisqu'il la consacrait en partie à un monument qui, à l'époque de sa construction, était certainement fort remarquable. »

La construction, telle qu'elle se voit aujourd'hui, nous présente une particularité assez remarquable dans l'emploi d'une élégante colonne cylindrique pour former le meneau vertical des fenêtres. Ce genre de fenêtres constitue un type qui marque la transition entre les meneaux à nervures du Moyen-Age et les meneaux prismatiques et lisses de la Renaissance.

L'intérieur de la maison a été modifié en grande partie dans son ornementation. Nous avons recueilli deux portes, l'une servant de porte palière, l'autre servant de clôture à une sorte d'armoire. Nous avons figuré dans le dessin de la fenêtre le vitrage au plomb avec carreaux circulaires que nous avons trouvé dans la galerie de Philibert de l'Orme, rue Juiverie. Cet édifice étant contemporain de la maison dont nous parlons, nous avons cru pouvoir admettre cette identité dans la forme de leurs vitrages.

INTÉRIEUR D'UNE MAISON

RUE LONGUE, N° 19.

Le quartier dans lequel se trouvent aujourd'hui la rue Saint-Côme et la rue Longue était occupé presque entièrement, au XVIe siècle, par des maisons religieuses comprises dans l'enclos qui dépendait de l'abbaye de Saint-Pierre. Dans un ancien ouvrage sur Lyon (1) nous trouvons cette description : « Saint-Pierre a Saint-Saturnin pour annexe; il a de » même dans son enclos les chapelles de Saint-Côme et Saint-Damien, de Sainte-Catherine, » de Saint-Clair, de Saint-Claude et de Saint-Sébastien. » Dans un autre ouvrage (2), il est parlé de l'oratoire d'une récluserie sous le vocable de saint Côme.

De ce nombre considérable de maisons qui servaient autrefois d'abbayes ou de récluseries, rapprochées de la rue Saint-Côme, il reste l'église de Saint-Pierre et les bâtiments servant aujourd'hui au Palais-des-Arts. Nous pensons avec quelques artistes que l'on peut regarder aussi comme un reste de ces maisons celle de la rue Longue dont nous reproduisons une face sur la cour. Cette opinion paraît justifiée par la disposition des bâtiments et le caractère de leur architecture. En effet, la maison, telle qu'elle existe encore, nous présente tout l'aspect d'un intérieur d'abbaye : des bâtiments à plusieurs étages, sans ornements extérieurs sur les rues, sont rangés autour d'une cour très spacieuse, dans laquelle s'avance une tourelle d'escalier placée en avant de la galerie.

Plusieurs portes palières de même forme et semblablement ornées s'ouvrent à chaque étage de l'escalier : c'est là une particularité qui paraît annoncer des habitudes communes à tous ceux qui habitaient les appartements. Cette uniformité dans les ouvertures des portes ne se retrouve pas dans les maisons de la même époque destinées au logement des familles riches et notables. La vie en commun d'un certain nombre de religieux, soumis

(1) *Lyon dans son lustre.*
(2) *Lyon tel qu'il était.*

aux mêmes règles et habitant le même lieu, devait nécessairement imprimer un cachet d'uniformité aux parties réservées à leurs logements; tandis que la vie privée et indépendante des personnages opulents devait se traduire sur leurs habitations par une sorte de hiérarchie architecturale, qui mettait en relief les parties d'édifices affectées plus particulièrement à l'usage du maître de la maison.

Nous croyons pouvoir conclure de ce qui précède que la maison dont nous reproduisons la partie la plus intéressante faisait partie de l'un des établissements religieux agglomérés autrefois dans le voisinage de la grande abbaye de Saint-Pierre.

FAÇADE D'UNE MAISON

RUE TUPIN, N° 20.

Les recherches auxquelles nous nous sommes livré pour découvrir l'origine et le nom du fondateur de cette maison n'ont amené aucun renseignement que l'on puisse considérer comme certain. Les archives des propriétaires actuels sont muettes à ce sujet; d'ailleurs elles ne remontent qu'à une époque très rapprochée de la nôtre. Des habitants de la maison en attribuent la construction à un comte de Saint-Jean; mais on ne voit aucun blason sur les murailles, ni aucun signe qui puisse nous fournir un indice quelconque sur le nom du personnage qui l'a habitée à l'origine. Cette maison, qui est très connue des artistes, a paru à plusieurs d'entre eux une œuvre de Soufflot, l'habile architecte qui construisit la Loge du Change; d'autres assurent que des ouvriers occupés à badigeonner la façade y ont lu le nom de Coustou. Ces noms seuls seraient un titre précieux qui la recommanderait au souvenir des gens de l'art; mais le style architectonique de la façade ne semble pas contemporain de l'architecture de Soufflot; il indique, au contraire, une date plus ancienne, et paraît au moins faire remonter au commencement du XVIIe siècle l'origine de la construction. Il se peut que quelques boiseries et plusieurs autres parties attenantes au corps de la construction aient été ajoutées

15

plus tard pour changer des dispositions intérieures et approprier le corps-de-logis à des usages nouveaux. Dans ce cas, Soufflot pourrait y avoir mis la main. Certaines portions de menuiserie paraissent en effet appartenir au XVIIIe siècle; mais là seulement se bornerait la participation de cet architecte aux travaux de l'édifice. On sait d'ailleurs que Soufflot, qui édifia la magnifique façade du grand Hôtel-Dieu, vivait au milieu du siècle dernier (1). Si on a pu lui attribuer la construction de la façade sur la rue Tupin, il est probable que l'enseigne en pierre gravée portant le millésime de 1764 a donné lieu à cette supposition (2).

Sans nous arrêter davantage aux documents qui peuvent éclairer cette question, nous devons dire que la façade sur la rue se distingue seule du reste de l'édifice par le caractère de son architecture ; encore faut-il l'envisager dans ses étages supérieurs seulement pour ne pas être choqué des porte-à-faux qui existent entre les arcades du rez-de-chaussée et les fenêtres du premier étage. Ce défaut de construction, qui a peut-être pour cause la disposition des murs à l'intérieur, nous a semblé assez grave pour que nous ayons cru devoir nous dispenser de reproduire sur nos planches l'ensemble de la façade; nous indiquons seulement le troisième et le quatrième étages, les autres étant semblables au troisième. La seule variante qui existe dans les hauteurs d'appui des fenêtres est indiquée dans le détail tracé aux côtés de notre planche. Nous avons détaché au bas de la même planche le dessin de l'allée avec les arcades les plus voisines. M. Monvenou, architecte, nous a communiqué des dessins d'une grande exactitude et dont nous nous sommes servis pour composer notre planche.

(1) L'origine de la construction de la façade de l'Hôpital est expliquée par M. Dagier dans son histoire de l'Hôpital général; il la fait remonter à l'année 1737.

(2) Cette enseigne, qui a été évidemment placée longtemps après la construction de la maison, porte : *Au Petit Cheval blanc*, 1764, par opposition au *Grand Cheval blanc*, 1635, qui se lit sur la maison en face.

ANCIENNE MANÉCANTERIE

PLACE SAINT-JEAN.

Parmi les édifices dont le style appartient à l'époque romane, l'on remarque à Lyon l'ancienne Manécanterie, dont la façade, mutilée et noircie par le temps, présente néanmoins un spécimen très intéressant de l'architecture qui précéda le style ogival dans nos contrées. Les éléments de décoration que les architectes chrétiens faisaient entrer dans la composition de leurs édifices étaient très variés, surtout en Orient, où les constructions byzantines se caractérisent par un luxe de matériaux dont l'assemblage présente l'aspect brillant de la mosaïque ou de la polychrômie. Dans nos climats, les constructeurs des édifices romans durent restreindre dans de certaines limites, et en raison des ressources géologiques du sol, l'application de ce système de décoration. Par une disposition ingénieuse d'assises de briques ou de pierres de couleurs différentes, ils arrivaient à réchauffer le ton général du monument, tout en laissant à la sculpture le rôle qui lui était réservé dans l'ornementation.

L'exemple qui se produit dans la façade de la Manécanterie ne nous présente qu'une application bien réduite de ce mode de décoration, qui consiste ici en de simples incrustations de briques rouges. Cependant il mérite quelque attention par le soin et la recherche avec lesquels sont ajustés ces ornements d'argile, qui ont en partie, depuis dix siècles, résisté à l'action du temps. L'archivolte et la croix qui la surmonte au dessus de la porte d'entrée conservent encore leurs incrustations de briques, qui se détachent en rouge sur le parement noirci de la muraille ; toutes celles de la corniche et des petits arcs sont tombées en laissant vides leurs alvéoles.

Telle qu'elle se voit aujourd'hui, la façade porte l'empreinte des modifications qu'elle a subies à diverses époques ; les fenêtres qui s'ouvrent entre les contreforts, au premier étage, sont d'une époque moins ancienne et n'ont aucune analogie de forme ou de style avec le corps primitif de la façade. Pour préserver le soubassement et le garantir contre les causes de destruction, M. Desjardins a fait appliquer un socle en pierre de taille, qui règne tout au long de la façade et que nous avons cru devoir figurer dans notre dessin.

Les opinions sont partagées sur l'origine et la destination de ce vieil édifice ; les uns veulent que ce soit un reste de l'ancien palais archiépiscopal construit par Leydrade au commencement du IXe siècle ; d'autres y voient le cloître primitif bâti à la même époque, d'autres comme le siége de l'école instituée à Lyon par le prélat que nous venons de nommer. Un auteur en fait la dapiférie ou officine et réfectoire des chanoines au temps de la vie commune, ce qui le reporte pour le moins au XIIe siècle ; quant à l'érection, on la fait remonter au Xe siècle (1).

Après les opinions diverses rapportées ci-dessus, nous devons ajouter que le plan de Ménestrier indique la Manécanterie comme l'une des ailes d'un cloître renfermant une cour, ce qui semblerait fortifier l'opinion de ceux qui croient reconnaître dans cet édifice le cloître bâti par Leydrade au IXe siècle. C'est en effet à cette époque que paraît se rapporter le style archéologique de la construction.

PORTE LATÉRALE

DE L'ÉGLISE DE SAINT-RAMBERT-SUR-SAONE.

Un très joli dessin de M. Journoud, architecte, nous a permis de reproduire ce morceau intéressant d'architecture, qui, ainsi que la Manécanterie et le portail de Saint-Paul, appartient au style roman. Dans la façade de la Manécanterie, nous avons vu la couleur de la brique employée comme moyen de décoration à l'extérieur. Dans la porte de Saint-Rambert, c'est la polychrômie, c'est-à-dire la peinture qui se trouve employée concurremment avec la sculpture pour l'ornementation de l'architecture. Malheureusement la peinture est à peu près effacée, et on ne retrouve plus que quelques indices de couleurs, avec des silhouettes

(1) *Lyon ancien et moderne*, par Léon BOITEL, t. II, p. 214.

douteuses dans la partie inférieure du tympan. M. Benoît a religieusement respecté cette porte dans la construction de la nouvelle église de Saint-Rambert.

DÉCORATION POLYCHROME D'UNE NICHE

MONTÉE DU GOURGUILLON.

Au bas de la montée du Gourguillon se trouve une maison du Moyen-Age, dont les distributions intérieures se caractérisent par une irrégularité et un défaut de symétrie qui en font un édifice à peu près sans intérêt au point de vue architectural : l'aspect pittoresque des nervures et des bandeaux des fenêtres s'appuyant sur des figures grimaçantes présente pourtant quelque intérêt à l'antiquaire qui interroge les vieux débris dans l'espoir d'y retrouver quelque nom oublié. Les auteurs anciens ne nous apprennent rien sur l'origine de l'édifice, non plus que sur sa destination primitive ou celle qu'on a pu lui donner plus tard ; c'est aux habitants de la maison qu'il faut recourir pour avoir quelques renseignements probables sur son histoire. Un bon vieillard, né dans la maison, nous a rapporté une tradition qu'il tient de son grand-père, ayant lui-même habité ces lieux : cette maison aurait été autrefois un couvent où des moines conservaient les archives de la ville ; plus tard elle passa entre les mains d'un M. Restain ou Rostaing, marquis d'Oriol.

La construction, comme presque toutes celles du Moyen-Age, a subi des modifications motivées par les besoins nouveaux qu'apportaient les siècles qui se succèdent : quelques cheminées et divers autres accessoires ont marqué le passage de la Renaissance dans cette modeste demeure. On remarque encore, à travers les voûtes à nervures des paliers, une porte surmontée d'une espèce de niche ou de crédence dont la sculpture, d'un fini parfait, se montre pleine d'élégance, mais dont la décoration polychrôme se dérobe sous l'épaisseur d'un pâle badigeon. Nous avons mis à découvert tout le côté gauche pour retrouver les couleurs qui enrichissent la sculpture ; elles nous ont paru sinon brillantes de fraîcheur, du moins suffisamment conservées pour être reproduites sans hésitation dans notre planche. Depuis lors de nouvelles couches de lait de chaux sont venues surcharger les anciennes et rendre encore une fois invisible la peinture cachée depuis plus d'un siècle.

Aucun indice apparent ne nous explique l'usage auquel a pu être destinée autrefois cette niche. La plupart des maisons anciennes nous montrent bien dans leurs escaliers des excavations pratiquées dans les murs et qui servaient à recevoir une lampe pendant la nuit; mais ces sortes d'accessoires, décorés généralement avec beaucoup de simplicité, n'ont aucune analogie avec celui de la montée du Gourguillon. Cette niche n'a que très peu de refouillement et n'a pas pu recevoir dans sa partie creuse un appareil luminaire, dont la fumée aurait d'ailleurs altéré la peinture. Tout nous porte à croire qu'elle formait une sorte d'encadrement à un bas-relief ou à quelque sujet sculpté que les ravages du temps ou l'ignorance ont fait disparaître.

MAISONS ET OBJETS DIVERS.

Au nombre des maisons et des objets d'art qui se recommandent par le mérite architectural de leur construction ou de leur forme, il en est plusieurs sur l'origine et l'histoire desquels nous nous abstiendrons de parler, soit parce qu'ils sont dépourvus de tout intérêt historique, soit parce qu'ils ont été élevés par des citoyens dont l'histoire n'a pas recueilli les noms. Les familles nobles, celles qui ont occupé quelque rang élevé dans les fonctions civiles ou ecclésiastiques, ont laissé des traces ostensibles, nous pourrions dire officielles, de leur existence et des services qu'elles ont rendus. Si leurs noms ne sont pas écrits sur les arcades armoriées de leurs édifices, les historiens lyonnais les ont religieusement conservé en les entourant des titres qui pouvaient les recommander à la postérité.

Mais les familles étrangères, autrefois si nombreuses à Lyon, les riches citoyens dont la vie civile n'a été marquée d'aucune fonction publique, sont, pour la plupart, ignorés de notre époque, et leurs descendants sont restés seuls dépositaires des souvenirs de leurs travaux.

Nous ferons donc une simple énumération des monuments de cette catégorie. Le tableau qui accompagne notre texte établit d'ailleurs le classement de tous les sujets contenus dans notre ouvrage.

Maison quai Puits-de-Sel, N° 117. — Le style de cette maison se rapproche évidemment de celui qui distingue la maison rue Juiverie. Cette construction, remarquable par sa façade, nous a paru digne de figurer dans ce recueil.

Maison place de la Platière, N° 8. — Elle se recommande par une ordonnance architecturale de bon goût et par une construction rationnelle et bien entendue.

Quai Peyrollerie. — On remarque une façade de maison qui se distingue entre toutes celles de cette époque par un système très simple de décoration. C'est un spécimen du genre appelé *rustique*, et qui consiste à laisser voir l'appareil en le faisant saillir au dehors, de façon à constituer une ornementation d'un caractère sévère, quoique de bon goût.

Place du Change. — Une maison du xive siècle que M. Morel de Voleine croit avoir appartenu à Du Perrier.

Rue Trois-Maries et rue Saint-Jean. — Nous avons recueilli plusieurs fragments provenant de façades qui nous ont semblé dignes d'intérêt à cause de l'ordonnance à la fois simple et élégante de leur architecture.

Divers objets accessoires, tels que des portes à clous dont la décoration ingénieuse et économique peut trouver de nombreuses applications ; deux bas-reliefs en bois représentant des sujets différents, des grilles ou des impostes en bronze et en fer, sont représentés sur nos planches.

Nous ne devons pas oublier les magnifiques grillages en fer de la maison des Trois-Carreaux, et surtout le pilastre à jour qui forme le départ de la rampe d'escalier, c'est un objet d'art de beaucoup d'intérêt en ce qu'il nous montre les ressources dont disposait l'art du serrurier à une époque où cependant les sciences mathématiques et les moyens d'exécution étaient moins avancés qu'ils le sont de nos jours.

OBSERVATIONS

SUR

LES INSCRIPTIONS TIRÉES DE LA GALERIE DE PHILIBERT DE L'ORME

ACCOMPAGNÉES DE LEUR INTERPRÉTATION

PAR M. DOMINIQUE DELESTRE

Pharmacien-Major à l'armée, Chevalier de la Légion-d'Honneur.

Toutes ces inscriptions sont en général de la basse latinité, et remontent probablement aux premiers jours de l'époque dite de la Renaissance. On y remarque de nombreuses fautes d'orthographe, quelques solécismes, beaucoup de barbarismes, des mots nullement latins ; enfin plusieurs n'ont pas de sens précis.

1° CONTENDITE INTRARE PER AUGUSTAM PORTAM.

Efforcez-vous d'entrer par la porte étroite.

OBS. — Le mot *augustam*, qui signifie auguste, est évidemment pour *Angustam*, qui signifie étroite. Avec le premier mot, la phrase n'a pour ainsi dire aucun sens ; avec le second, elle fait allusion aux paroles de l'Écriture sainte, du Nouveau Testament, qui nous font connaître que la porte du ciel est étroite.

2° MULTI QUAERENT INTRARE ET NON POTERUNT.

Beaucoup cherchent à entrer et ne le pourront pas.

OBS. — *Quærent* est au subjonctif et sans doute est mis pour *quærunt* du présent de l'indicatif. Le mot *quærent* implique une faute de syntaxe. La traduction littérale rigoureuse serait : « que beaucoup cherchent à entrer et ne le pourront pas ; » *quærent* est conditionnel et *poterunt* absolu. La phrase n'aurait pas de sens.

3° OMNIS ENIM QUI PETIT ACCEPIT, ET QUI QUÆRIT INVENIT.

Car quiconque demande reçoit, et qui cherche trouve.

4° QUI PETIT ACCEPIT, QUI QUÆRIT INVENIT.

Qui demande reçoit, qui cherche trouve.

5° REGNUM COELORUM VIM PATITUR.

Le royaume des cieux exige violence.

6° ILLOTIS MANIBUS. PROCUL ESTE PROPHANI. ILLOTIS MANIBUS.

Profanes aux mains impures, éloignez-vous ; vous, aux mains impures.

OBS. — *Este* pour *esto*, *prophani* pour *profani*.

7° PULSATE, ET APERIETUR VOBIS.

Frappez, et l'on vous ouvrira.

8° QUI NON INTRAT PER OSTIUM, FUR EST ET LATRO.

Celui qui n'entre pas par la porte est un voleur et un larron.

9° UBI AMICI, IBI OPES.

Où sont les amis, là sont les richesses.

10° OMNIA DONAT VIRTUS.

La vertu donne tout.

11° NON OMNIA POSSUMUS OMNES.

Nous ne pouvons pas tous toutes choses.

12° DATUM ET DESUPER.

Donne et par delà.

13° NON EST MORTALE QUOD OPTAMUS.

Ce que nous désirons n'est pas mortel.

14° HAC ITUR AD ASTRA.

Par là on va au ciel (littéralement, aux astres).

15° NEC DULCIA DIFFERT IN ANNUM.

Les choses douces ne diffèrent pas dans l'année.

OBS. — *Dulcia* est au pluriel, son régime *differt* est par erreur au singulier. Il faut le rétablir en y substituant *differunt*.

SEMPER ALIQUID NOVI FERT APHRICA.

L'Afrique apporte toujours quelque nouveauté.

16° SATIS FECISSE SATIS.

C'est assez de faire assez.

17° ERUTMIN. . . UR ,

Obs. — Je ne puis rétablir le sens de cette partie de l'inscription.

MELIUS NIL CAELIBE (COELEBE) VITA

Rien n'est meilleur que le célibat.

NO BENE FROTOTO LIBERTAS VENDITUR ARO

NON BENE PRO TOTO LIBERTUS VENDITUR ARRO.

Obs. — *No* est bien certainement pour *non*. *Frototo*, qui n'est pas latin, est sans doute mis pour *pro toto*. *Aro*, datif du substantif *arum*, gouet, pied-de-veau, plante médicinale, n'a aucun sens dans cette phrase. Telle que je la rétablis, elle ne présente pas un sens bien net; toutefois c'est le seul qu'il soit possible d'en tirer. Je traduirai donc ainsi qu'il suit :

La liberté n'est pas bien vendue pour tout un champ.

IN MAGNIS SAT EST VOLUISSE.

Dans les grandes choses, c'est assez d'avoir voulu.

18° IGNOTI NULLA CUPIDO.

Nul désir de l'inconnu.

19° OPERUM DISCOLOR ET. . . (le reste est illisible).

La variété de couleurs des œuvres et. . .

IGNORENTIA MALUM

Obs. — Phrase elliptique, par le verbe auxiliaire *est* sous-entendu, si on admet cette manière de voir, le sens est :

L'ignorance est un mal.

NUBI SPIRITUS DOMINI IBI LIBERTAS.

Obs. — *Nubi* n'est pas latin, il faut retrancher le *n*; on a alors *Ubi spiritus Domini ibi libertas*, dont le sens est :

Où est l'esprit de Dieu (du Seigneur), là est la liberté.

20° PROBIS IMPROBISQUE PAR ADITUS DISPAR EXITUS.

Obs. — Pour rendre le sens plus clair, il faut placer une virgule après *aditus*. La phrase se rend alors ainsi :

Pour les bons et pour les méchants, l'entrée est la même, mais la sortie diffère.

Obs. — Cette pensée est tirée de la prose de saint Thomas d'Aquin : *Lauda Sion Salvatorem*, *etc*.

21° NOLI SUPRA CREPIDAS JUDICARE.

Ne jugez pas d'après des pantoufles.

Obs. — Proverbe qu'il est possible de traduire par : Ne jugez pas d'après les rapports de gens vils ou d'après de vils propos.

CARPERE PROMTIUS QUAM IMITARI.

Plus prompt à cueillir (à comprendre) qu'à imiter.

22° NULLUS EXPERS MATHEMATICES INGREDIATUR.

Que nul ignorant en mathématiques n'entre (dans ce lieu ?).

23° COELI ENARRANT GLORIAM DEI ET.. O . . . MANUV . . . N.

Les cieux racontent (célèbrent) la gloire de Dieu.

VO FECIT DEUS LUMINARIA MAGNA QUOR MATEI ALTER. . . NO. . .

Dieu fit deux grands flambeaux dont l'un . . .

ELLISO PLENA.

Obs. — Pensée tirée de la *Genese*, mais tronquée et incomplète : *vo* est pour *duo; quor matei* est pour *quorum*, en supprimant *atei* qui n'est pas latin ; *elliso* également non latin.

24° VOVITUR HAEC SEMPER NON REDDITURA . R . . S . . S . . .

Obs. — Phrase d'un sens à peu près indéterminé et indéterminable, même en donnant aux trois lettres qui la terminent la signification suivante : *Retro supra scripto*. Le texte rétabli en entier ainsi qu'il suit : *Vovitur hæc semper non redditura retro supra scripto*.

On dévoue toujours ces choses ; ne devront pas être rendues (reportées), ce qui est écrit ci-dessus.

IN OMNI LOCO OCULI DOMINI CONTEMPLANTUR BONOS ET N . . .

Obs. — Le sens de cette dernière phrase, d'une latinité très commune et même triviale, est inachevé par la présence du mot *et* et de la lettre *n*. Pour le compléter, il faut admettre que le *n* est la première lettre de *nocentes*. Le sens serait alors :

Dans tout lieu les yeux du Seigneur voient (contemplent) les bons et les méchants.

Obs. — Notons que le mot *contemplantur* est au mode passif et constituerait un contre-sens, ou au moins une faute de grammaire ; je l'ai traduit au mode actif, contemplant. Le sens alors est net.

25° MIRABILES FLATIO IS MIRABILIS IN ALTIS DO.

Obs. — Cette phrase est intraduisible et ne présente aucun sens ; *mirabiles* est au pluriel et ne se rapporte à aucun mot de la phrase; *flatio* n'est pas latin, mais rappelle le mot *flatus*, souffle.

26° LAUDATE DOMINUM SOLUM STELLAE ET LUMEN.

Louez le Seigneur, unique étoile et lumière ou soleil.

27° OMNIA ORTA OCCIDUNT ET SANCTA SENESCUNT.

Tout ce qui naît meurt, et les choses saintes vieillissent.

Obs. — Le sens de cette phrase est obscur ou au moins forcé. Le premier membre est vrai ; mais pour le second il faut admettre que le mot *senescunt* signifie que les choses saintes seules durent longtemps, parviennent à la vieillesse.

UM NON EST O. P. TIO PERSONARUM.

Obs. — *Um* est sans doute la fin du mot *Deum ; o, p, tio* ; ne doit former qu'un seul mot, *optio*. Avec ces rectifications, la phrase, sans être d'une exactitude latine rigoureuse, offre un sens complet et peut être traduite ainsi :

Il n'est pas de la nature de Dieu de faire acception de personnes.

Obs. — Ou librement :

Tous les hommes sont égaux devant Dieu.

28° TRANSITE PER TEMPORALIA NON AMITTENTES AETERNA.

Passez au milieu des choses temporelles sans oublier les éternelles.

VIR . . . SAPIENS DOMI . . . BITUR ASTRIS.

Obs. — *Domi... bitur* est pour *dominabitur*. A l'aide de cette rectification, on a un sens complet, mais essentiellement faux. La phrase doit être traduite ainsi :

L'homme sage sera dominé (influencé) par les astres.

Obs. — En intercalant le mot *non* entre *vir* et *sapiens*, le texte serait *Vir non sapiens dominabitur astris*, l'homme non sage (l'insensé, le fou) sera influencé par les astres ; le sens alors est complet et vrai.

PLENI SUNT COELI ET TERRA AESTATIS GLORIAE TUAE.

Les cieux et la terre sont pleins de la majesté de votre gloire.

Obs. — Pensée tirée de l'Écriture sainte et du *Sanctus*. Le mot *æstatis* doit être rétabli par celui de *majestatis*.

CREAVIT DEUS ASTRI . . . OELI IN. M . . . TERIUM
CUNCTIS GENTIBUS.

Obs. — *Astri* est bien évidemment pour *astra*, *œli* pour *cœli*, *m... terium* pour *mysterium* ; à l'aide de ces rectifications, le sens devient complet et clair. La phrase peut être rendue par :

Dieu créa les astres du ciel pour être un mystère aux yeux de toutes les nations.

Obs. — On pourrait admettre cette autre version en prenant *m... terium* pour *ministerium* :

Dieu créa les astres du ciel pour servir toutes les nations.

Obs. — Mot à mot : « pour être en ministère à toutes les nations. »

Nous remercions avec plaisir nos souscripteurs de l'appui bienveillant qu'ils nous ont prêté. Quelques uns d'entre eux nous engagent à continuer notre ouvrage en lui donnant plus d'extension ; nous acceptons cet avis comme un témoignage honorable en faveur de notre entreprise. Toutefois, nous ne devons pas nous le dissimuler, le mode de publication par livraison, appliqué à un ouvrage qui n'est pas terminé à l'avance, inspire de légitimes défiances; beaucoup de personnes, dont l'opinion est d'ailleurs favorable à nos *Recherches*, ont manifesté la crainte que notre œuvre ne s'achevât pas, et ont retardé, pour cette cause, leurs souscriptions. On comprend dès lors que nous ayons dû éprouver quelque difficulté à poursuivre notre publication.

Cependant elle vient d'atteindre les limites annoncées au début. En 1851, M. Léon Boitel, dans la *Revue du Lyonnais*, nous exhortait au courage en appelant sur notre œuvre les sympathies des artistes et des hommes de goût. Son appel a trouvé de l'écho chez tous ceux qui aiment l'art ou qui aiment à le protéger. Si, comme le dit M. Léon Boitel, l'amour de l'art est une autre foi qui ne connaît pas d'obstacles, nous nous plaisons à reconnaître, pour notre compte, que cette foi de l'artiste a trouvé d'utiles soutiens dans les marques d'estime avec lesquelles notre ouvrage a été accueilli. A cet égard, notre reconnaissance est acquise à MM. de Caumont, de la Société française, Le Bas, de l'Institut ; à MM. Servan de Sugny et Chenavard, de l'Académie de Lyon; à M. Waïsse, sénateur ; à Mgr de Bonald; à M. Reveil, vice-président du Corps Législatif ; à MM. de Lacroix-Laval, ancien maire de Lyon, Morel de Voleine, et beaucoup d'autres artistes, savants et écrivains dont la bienveillance pour nous s'est manifestée durant le cours de notre publication.

Ces noms distingués ont aussi pour nous l'avantage de rendre plus digne du Prince l'ouvrage qu'il a bien voulu nous permettre de lui dédier.

TABLE DES MATIÈRES.

Abréviations. — M, Moyen-Age; R, Renaissance; 17 s., XVIIe siècle.

Les objets marqués de ce signe (*) sont ceux qui ont disparu depuis le commencement de cette publication.

TEXTE.		PLANCHES.	
PAGES.	DÉSIGNATION DES ÉDIFICES.	INDICATION DES OBJETS.	STYLES.
25	Galerie de Philibert de l'Orme, rue Juiverie, n° 8.	Élévation de l'ensemble	
		Peinture de l'intérieur	
		Plan, coupe et support de la poulie	
		Élévation d'une cheminée avec peinture	
		— — avec sculpture	R
35	Maison Builloud	Élévation d'une galerie sur cour	
38	Hôtel Paterin, rue Juiverie, n° 4	Élévation de la galerie sur la cour	
		Plan général	
		Trumeau de cheminée peint et sculpté	17 s.
40	Façade d'une maison, rue Lainerie	Élévation de la façade, profils	M
		Détail d'une fenêtre	
41	Maison rue Juiverie, n° 23	Plan d'ensemble	R
		Élévation de la façade	
42	Maison quai de Bondy, n° 68	Élévation de la façade, détails	17 s.
43	Hôtel de Gadagne, rue de Gadagne	Cheminée de l'hôtel, autre cheminée	M
		Grille de Gadagne et diverses ferrures	
		Plafond peint et sculpté	
45	Maison Valois, rue Tramassac	Plan et élévation de la façade	R
46	Escalier et puits elliptique, montée Saint-Barthélemy	Puits elliptique	
		Escalier, élévation, coupe, détails	
47	Bureau de l'Aumône générale, hôtel du Parc	Élévation de l'entrée	
48	Maison de Saint-Charles, rue de la Gerbe, n° 13.	Face sur cour, porte d'allée (*)	17 s.
		Porte en bois tourné (*)	
49	Hôtel des Générales, rue des Générales	Élévation de l'un des arcs, détails, plan	
50	Maison Gayot, rue Mercière, n° 50	Détail d'une imposte en fer ornée de peinture	
51	Fragments d'une maison, rue Mercière, n° 68	Fenêtre et portes	R
54	Intérieur d'une maison, rue Longue, n° 19	Façade et détails de la galerie sur cour	
55	Façade d'une maison, rue Tupin, n° 20	3me et 4me étages, détails des consoles, rez-de-chaussée	
57	Ancienne Manécanterie, place Saint-Jean	Façade et détails, élévation de l'ensemble	
58	Porte latérale de Saint-Rambert-sur-Saône	Élévation de l'ensemble	M
		Arc de l'entrée latérale de l'église de Saint-Paul	
59	Décoration polychrôme d'une niche, montée du Gourguillon	Élévation de la niche	
60	Maisons et objets divers	Façade d'une maison, quai Puits-du-Sel	R
		— — place de la Platière	
		— — quai Peyrollerie	
		— — place du Change	M
		— — place du Gouvernement	17 s.
		Détails de maison, rue Trois-Maries et rue St-Jean	
		Dessins de trois portes à clous	
		Bas-reliefs en bois, rues Lainerie et de l'Arbalète (*)	
		Balcons en bois tourné, rue de l'Hôpital (*)	
		Porte, montée Saint-Bathélemy (état actuel)	
		Balcon en fer forgé, rue Trois-Carreaux	R
		Pilastre formant le départ de la rampe	
		Impostes en bronze, rues Mercière et Tramassac (*)	
		Balcons, rue Saint-Jean; imposte, quai des Célestins	
		Balcon, quai Saint-Antoine, n° 36	
		Balcon, rue Grenette, n° 2[illegible]	
63	Observations sur les inscriptions latines de la galerie de Philibert de l'Orme.		

P. Martin del. J. Jean sculp.

CAGE D'ESCALIER

rue St. Jean N°. 11.

Im. Rigere, Lyon

P. Martin del. J. Seon sculp.

MENUISERIE.

Porte Renaissance, montée St Barthélemy.

62

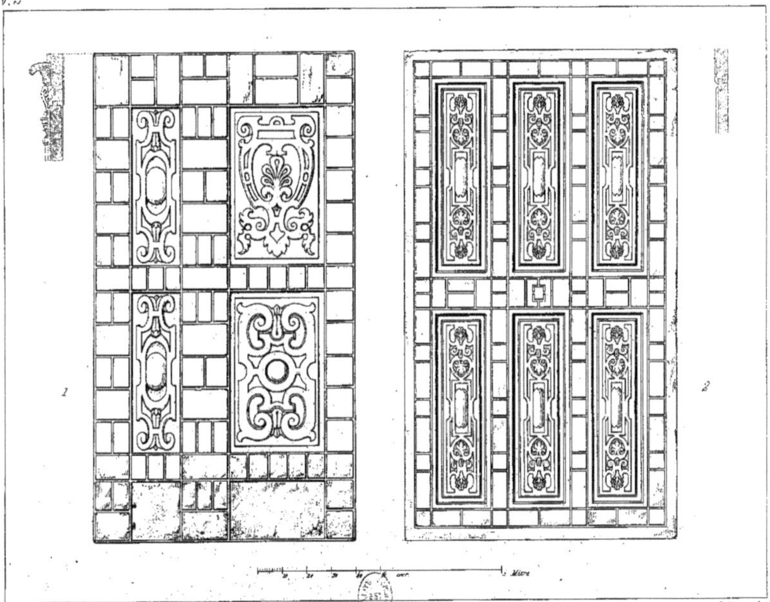

P. Martin del. J. Jean sculp.

MENUISERIE

Portes Renaissance, montée St Barthelemy.

P. Martin del. *J. Leon scul.*

FERRONNERIE.

1. 2. 3. Balcon et Impostes Fer forgé et repoussé *4. 5. Heurtoirs.*

P. 3

P. Martin del. J. Fugère sculp.

FERRONNERIE

Porte en fer forge et repoussé.

Imp. Fugère, Lyon

8.4

P. Martin del. J. Sgen sculp.

PUITS DU XVIe SIÈCLE

rue St Jean No 53

Im. Boguet Lyon

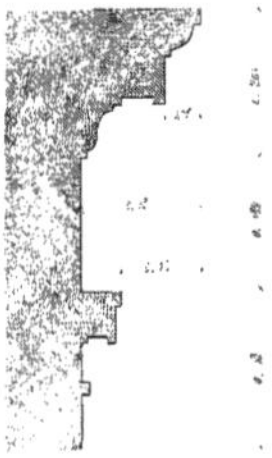

Profil de l'Entablement

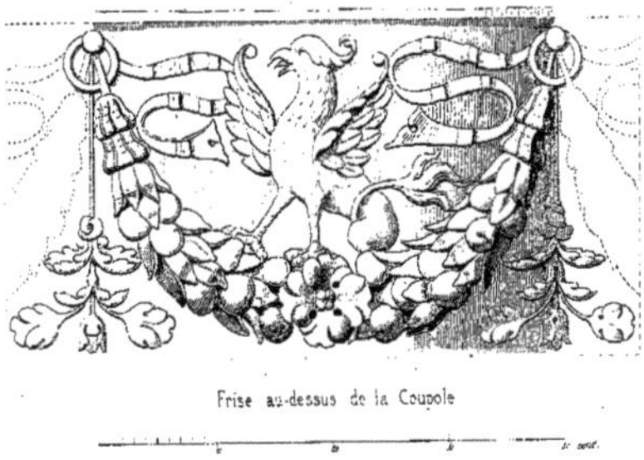

Frise au-dessus de la Coupole

Profil de la Margelle

Rosace au-dessus des Colonnettes

Chapiteau des Colonnettes

Rosace du soubassement

P. Martin del. — J. Jean sculp.

DÉTAILS DU PUITS

rue St. Jean. 53.

Pl. 4.

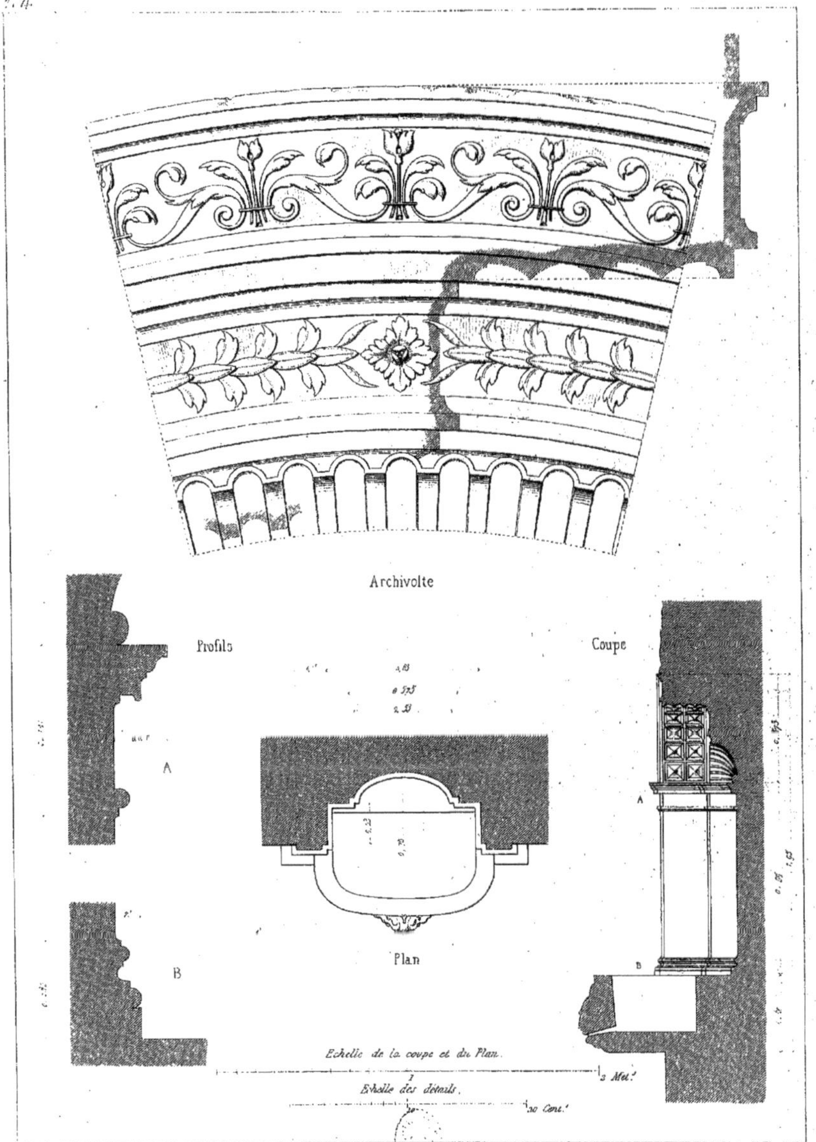

P. Martin del. J. Soon sculp.

DÉTAILS DE L'EDICULE

rue St Jean, 53.

8. 5

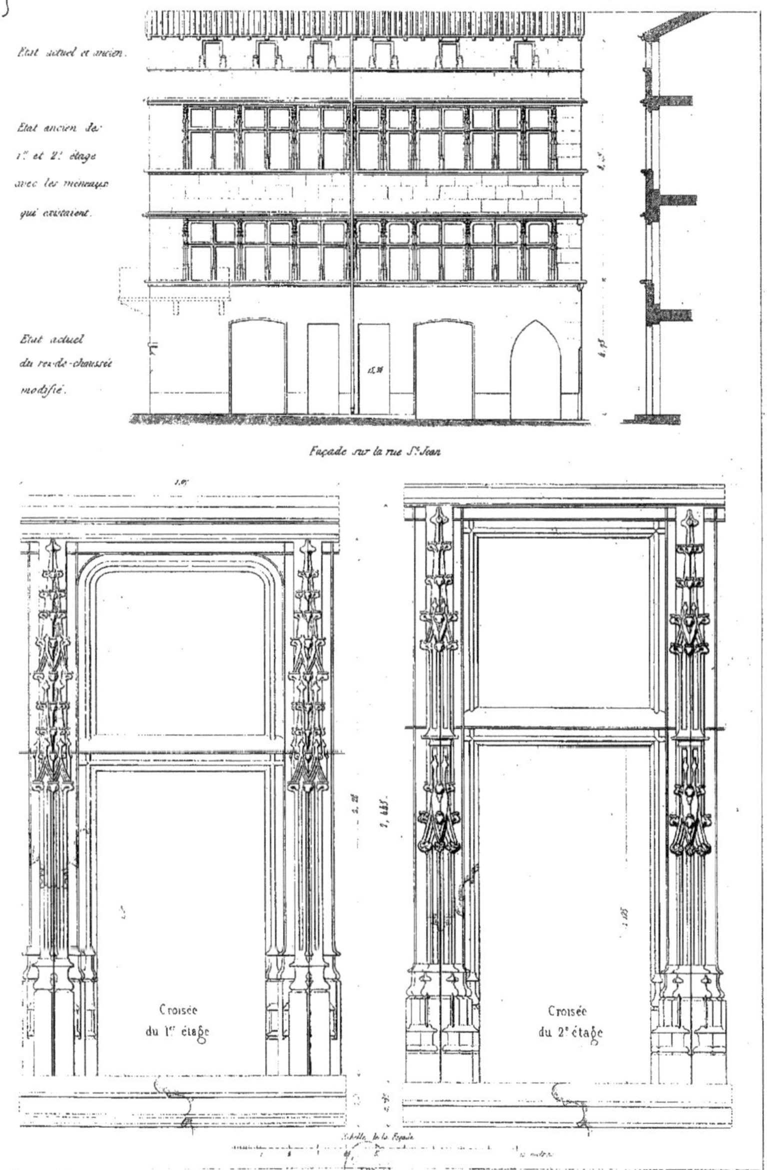

P. Martin. del.

J. Seon sculp.

MAISON DE FRANÇOIS D'ESTAING

rue St Jean. 53.

Lith. de Fugère Lyon.

P. Martin del

J. Pon sculp

DAIS AU-DESSUS D'UNE FENÊTRE D'ESCALIER

rue S.t Jean 53.

8.7

P. Martin, del. J. Spon, sculp.

HEURTOIR EN BRONZE

rue du Bœuf, 28

E. 11

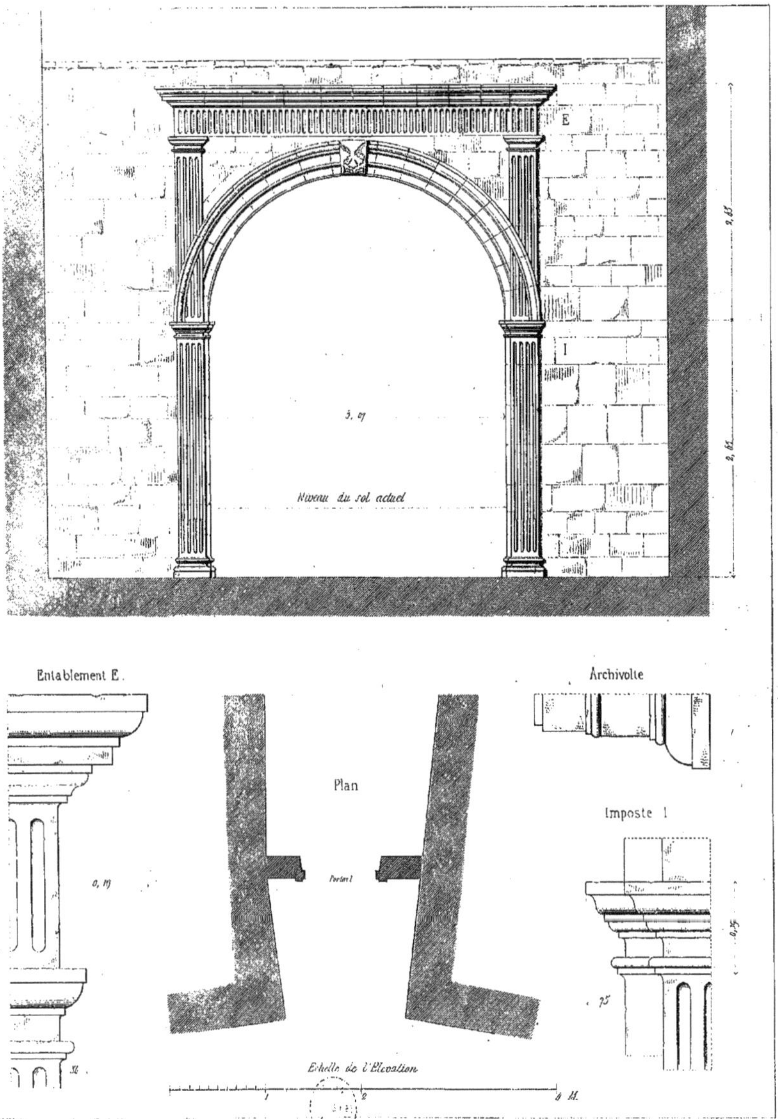

P. Martin del.

J. Sean sculp.

PORTAIL DE LA COUR DES ARCHERS

Pl. 11

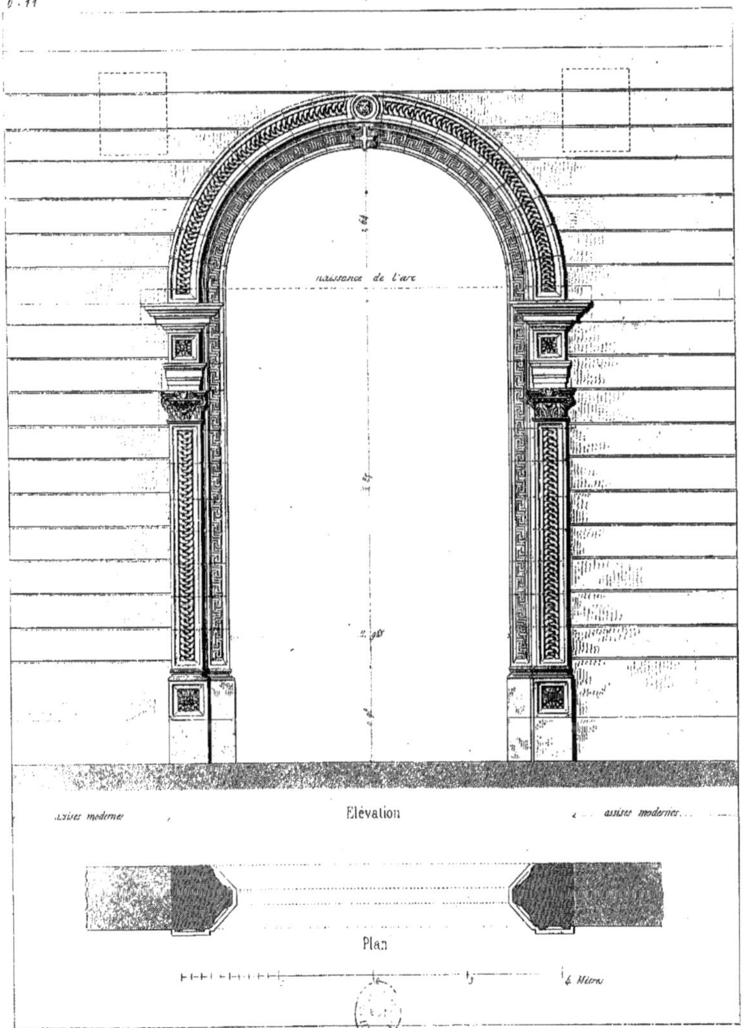

F. Martin del. J. Seon sc.

ARC DU XVIE SIÈCLE

Provenant de l'Église des Dominicains.

Imp. de Pegeron Lyon

Pl. 11.

P. Martin del. J. Fugère Sculp.

DÉTAILS DE L'ARC DU 16e SIÈCLE.

Rue de Sully, aux Brotteaux.

Im. Fugère. Lyon.

p.14

d'après Mr Chenavard — J. Jean sc.

MONUMENT DE L'ANCIEN PONT DU CHANGE

Transporté en 1820 à la montée du chemin neuf

P. 16

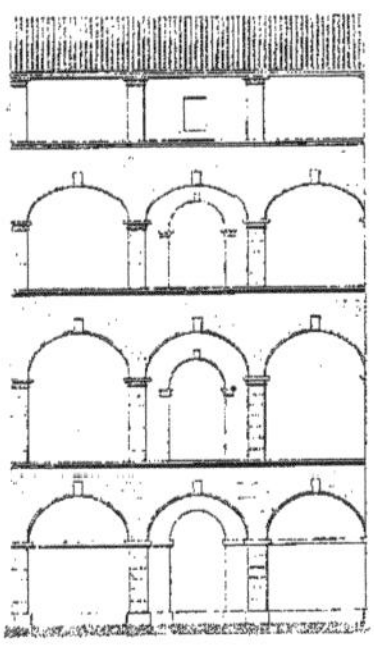

Face de la cour, côté de l'allée.

Écusson en marbre blanc.

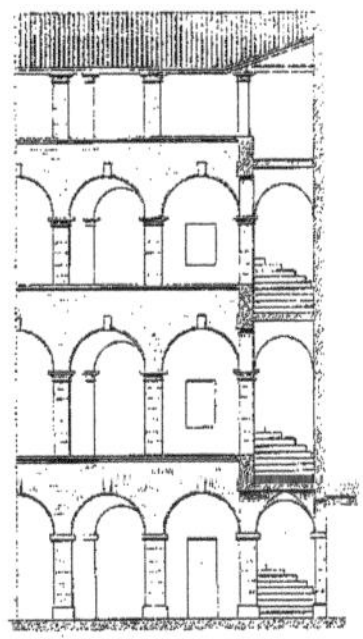

Face de la cour, côté de l'escalier.

P. Martin. del.

J. Séon sc.

DÉTAILS D'UNE MAISON

rue du Bœuf, 16.

Imp. de Fugère Lyon

f. 16

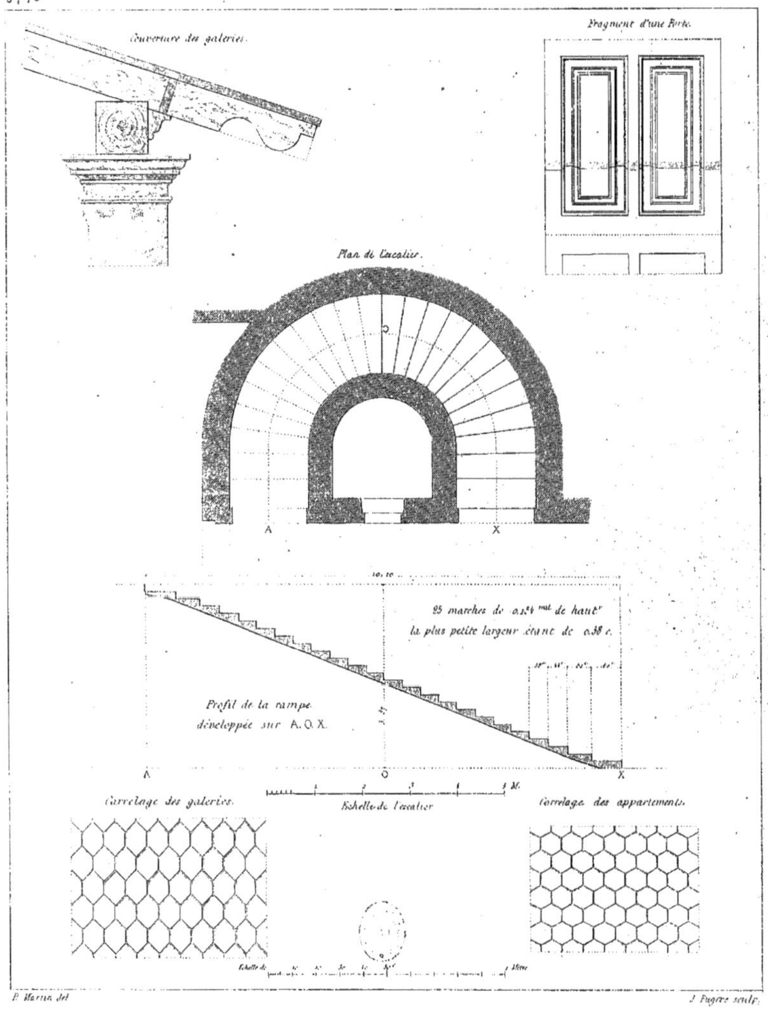

P. Martin del.

J. Fugère sculp.

PLAN ET DÉTAILS D'UN ESCALIER.

Rue du Bœuf N°16.

Imp. de Fugère

PORTE D'ALLÉE

rue Confort 32

P. Martin del. J. Jon sc.

ESCALIER ET GALERIE D'UNE MAISON

rue Confort N° 32.

P. Martin del. J. Sson sc

PORTE EN MENUISERIE

rue Neuve 2o.

Imp. Fugère Lyon

P. Martin del.

J. Fugère sculp.

COUPE DE LA SALLE A MANGER

Rue Juiverie, 10.

Im. Fugère R. des Chapeaux. 6. Lyon

P. Martin, del. sculp.

DÉTAILS D'UNE MAISON

Rue Juiverie, 10.

Imp. de Rogère, r. S Chapeaux.

P. Martin del. — Fugère lith.

GALERIE DE PH. DE L'ORME

détail de l'intérieur.

Impr. Louis Perrin, rue d'Amboise, 6, Lyon

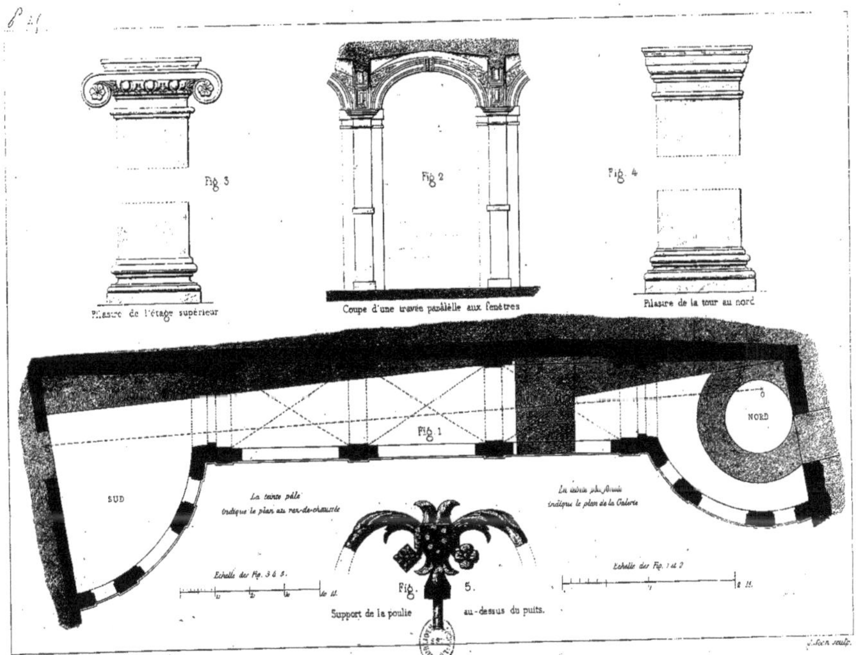

P. Martin del.

J. Sech sculp.

GALERIE DE PHILIBERT DE L'ORME

Détails

Imp. Fugère r. 4 chapeaux. Lyon

d'après Mr Chenavard

J. Séon, sc.

ÉLÉVATION ET DÉTAIL D'UNE CHEMINÉE

rue Juiverie. 8.

imp. Nigère r. 4 chapeaux Lyon

D'après Mr Chenavard J. Seon sc.

CHEMINÉE ET BOISERIE

rue Juiverie, 8.

Imp. Dupré et Chareau Lyon

Pl. 40

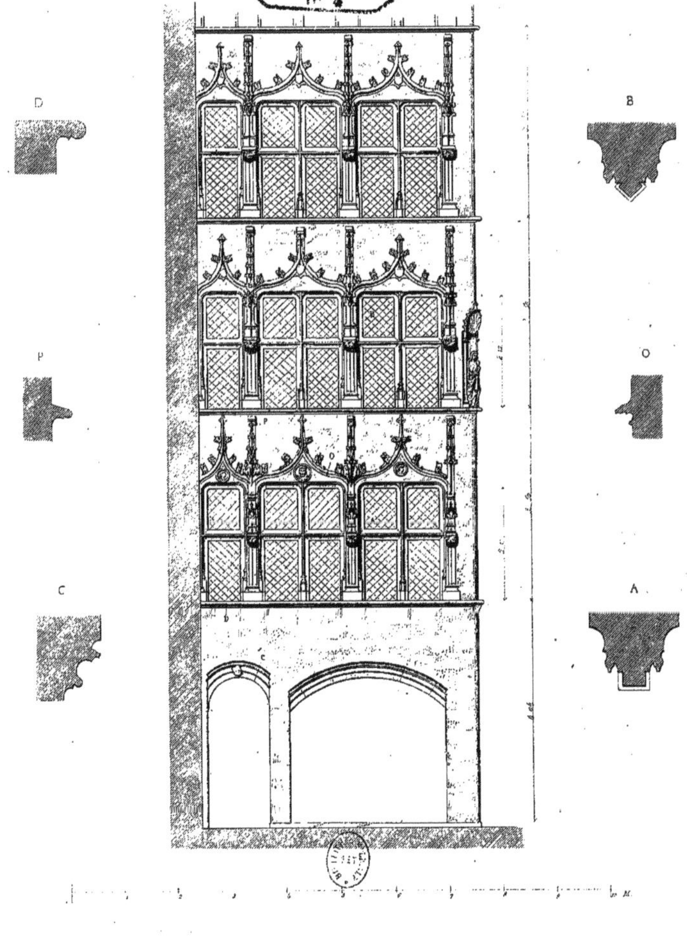

P. Martin del. J. Icon sc.

FAÇADE D'UNE MAISON

rue Lainerie, 14.

Imp. Fugère r. 4 chapeaux Lyon.

L. 40

P. Martin del.

J. Jeon sculp.

FENÊTRE D'UNE MAISON

rue Lainerie. 14.

Imp. Fugère r. 4 chapeaux Lyon

Pl. 41

Echelle de la Fig. 1.

5 10 15 20 Mètre

Echelle de la Fig. 2.

10 Mètre

P. Martin del. sculp.

FAÇADES DE MAISONS

1. rue Juiverie, 23. 2. quai Puits-du-Sel, 117.

Imp. de Eugène et A. Chapenne.

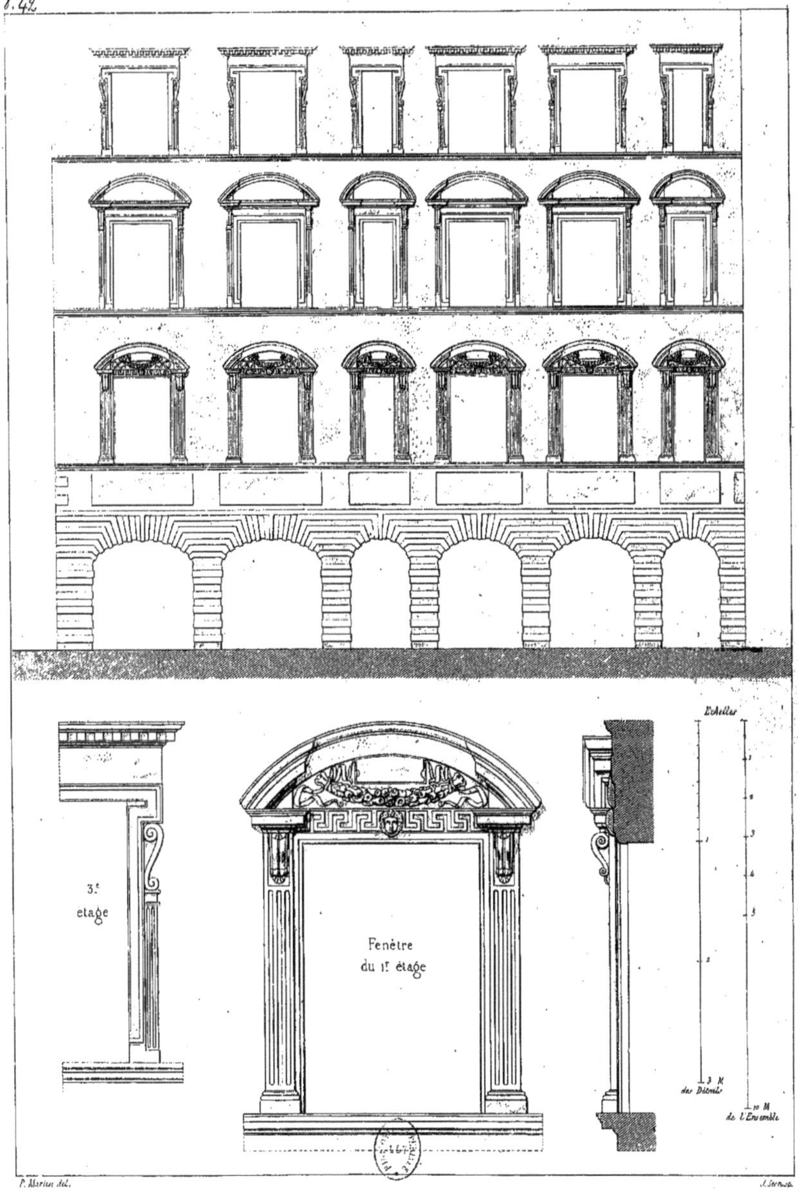

FAÇADE D'UNE MAISON

Quai de Bondy. 68.

f. 43

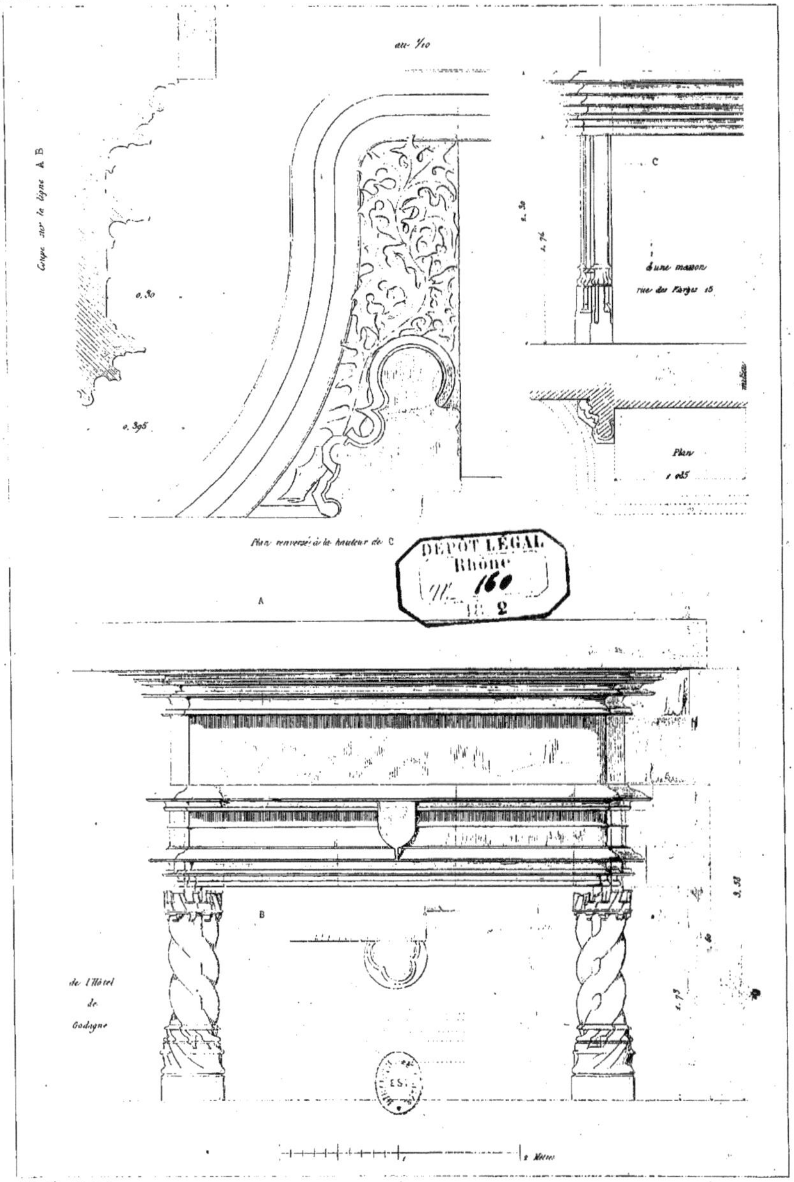

P. Martin del. sculp.

CHEMINÉES DU MOYEN-AGE

Imp. de Lugère, rue Chapeau.

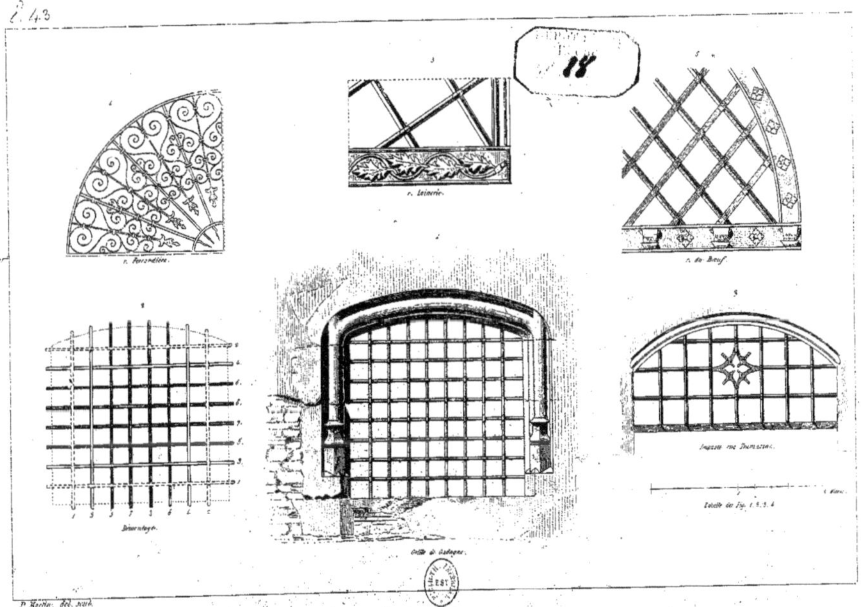

SERRURERIE

1. 2. 5. Fin du Moyen age. 4. 6. Siècles suivants.

P. 43

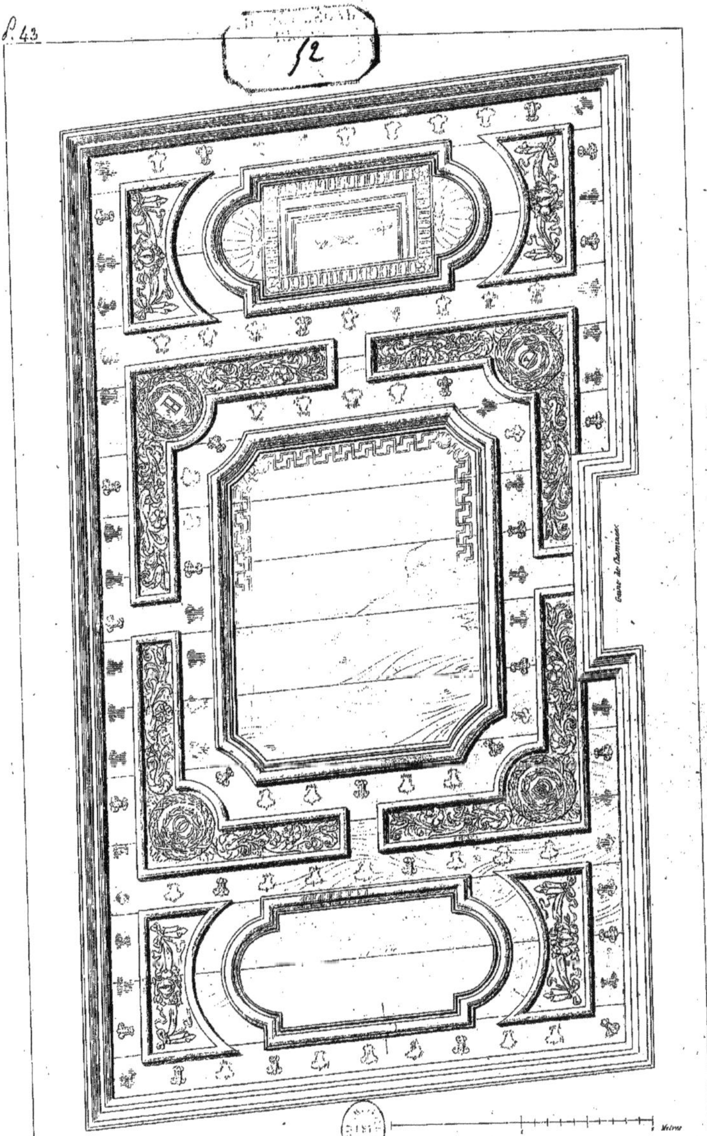

P. Martin, del. sculp.

PLAFOND EN MENUISERIE, PEINT ET SCULPTÉ.

Dans l'une des salles de l'Hôtel de Gadagne.

Im. Hugène R. d. Chapeaux, 6, Lyon.

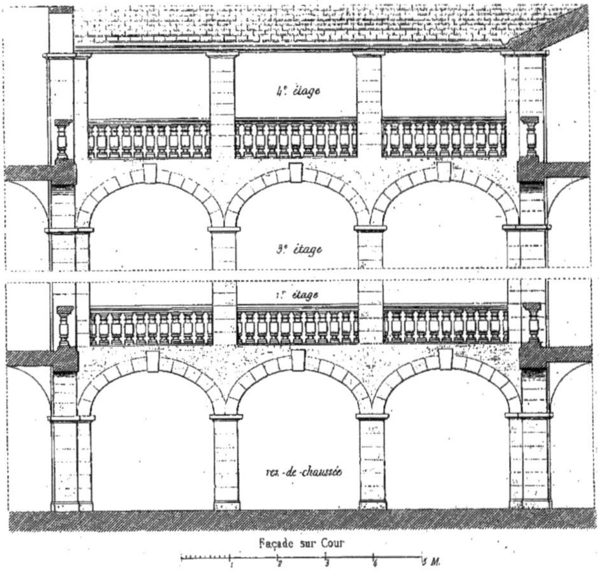

Façade sur Cour

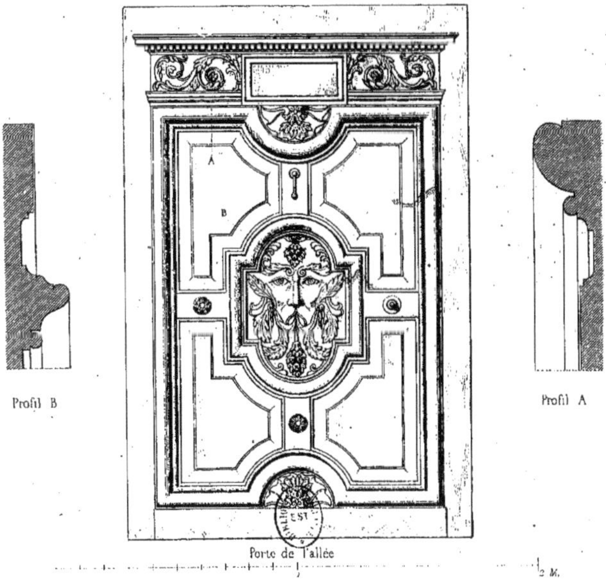

Profil B

Profil A

Porte de l'allée

Comm.qué par la société ac. d'Arch

J. Seon sc.

DÉTAILS D'UNE MAISON

rue de la Gerbe, 13.

imp. Fugère r. 4 chapeaux Lyon.

P. Martin del. et sculp.

PORTE EN MENUISERIE,

Rue de la Gerbe 13.

[illegible] R. d. Chapeaux, 6, Lyon.

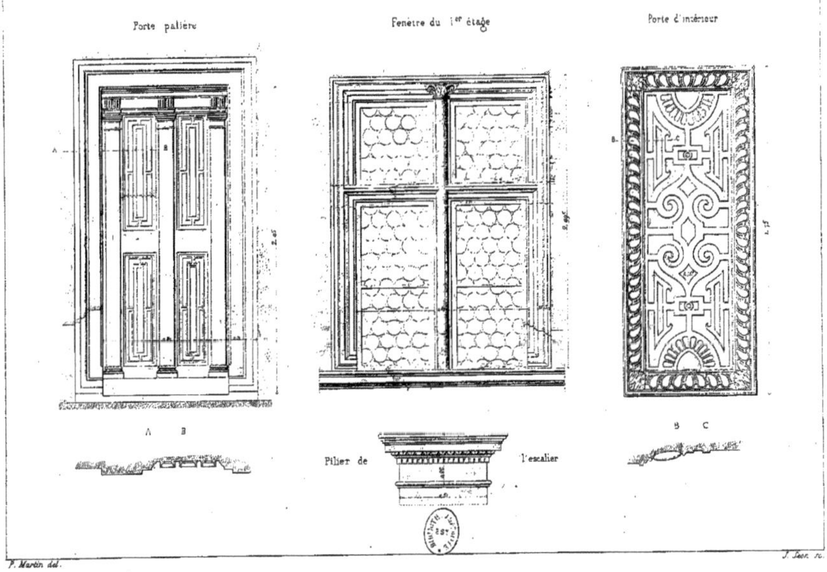

P. Martin del. J. Leon sc.

DÉTAILS D'UNE MAISON

Ce rue Mercière 68.

DÉTAILS D'UNE MAISON

rue Tupin. 20.

MANÉCANTERIE

Place St Jean

E. Journoud del. — J. Séon sc.

PORTAIL LATÉRAL DE L'ÉGLISE DE ST RAMBERT

sur Saône.

imp. Fugère r. 4 chapeaux. Lyon.

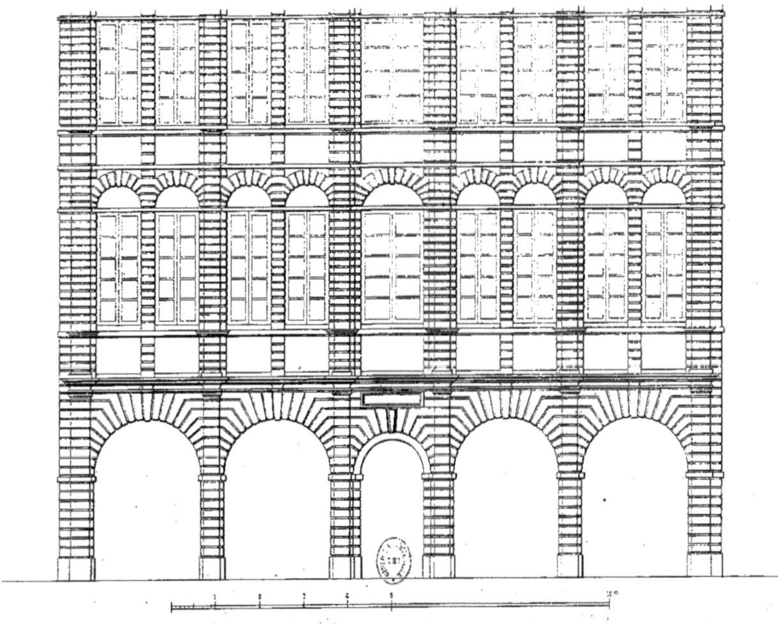

Comᵗᵉ par la Société Ac. d'Arch. | Impʳ Louis Perrin Lyon.

MAISON QUAI PEYROLLERIE, Nº 136

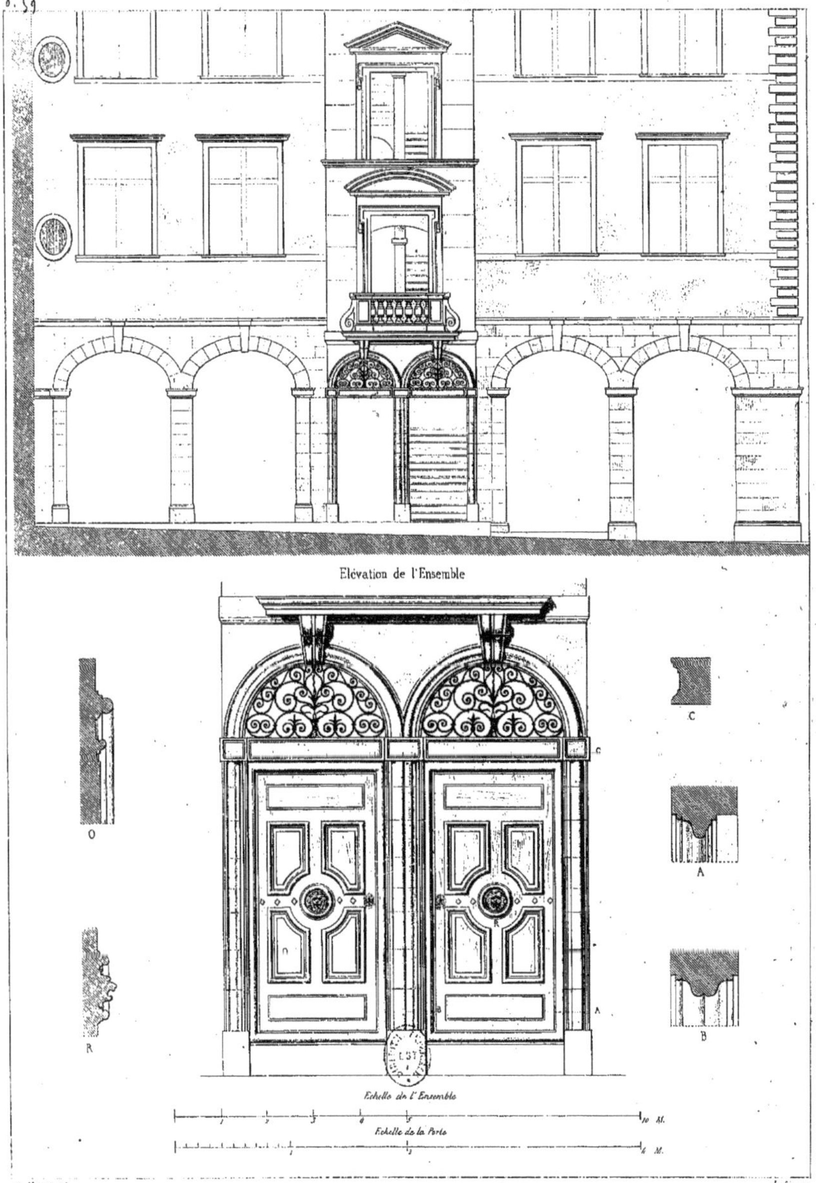

FAÇADE D'UNE MAISON

Place du Gouvernement

P. 60

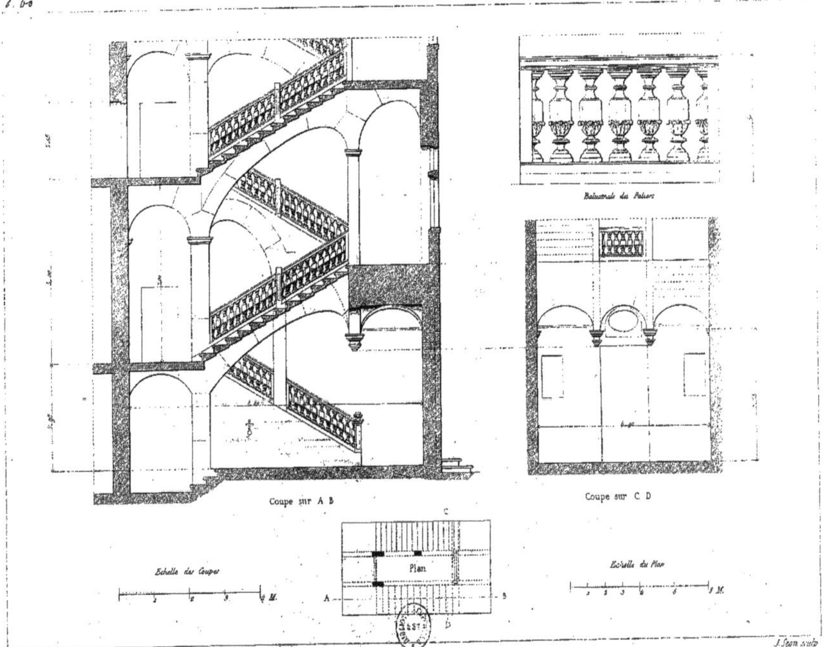

P. Martin del.

J. Sean sculp

DÉTAILS D'UN ESCALIER

Montée S.t Barthelemy, 19

P. 65

au $\frac{1}{10}$ d'exécution.

P. Martin del. sculp.

BALCON EN FER FORGÉ ET REPOUSSÉ

Quai St Antoine. 36.

P. 60

1

2

1 rue Mercière. 27.
2 idem (la Maison est démolie)

3

4

5

3 rue Mercière. 49.
4 rue Tramassac. 18.
5 idem. 14.

E. Journeaud et Bailly del. — J. [illegible] sc.

IMPOSTES

1. 2. Bronze — 3. 4. et 5. Fer forgé

Imp. [illegible] Lyon

L. MARTIN DEL. — Imp. Louis Perrin, Lyon.

DÉPART D'UNE RAMPE EN FER

Maison des Trois-Carreaux.

f. 60

P. Martin del. J. Fugère sculp.

BALCON EN FER FORGÉ

Dans la maison des Troix-Carreaux rue Centrale, 55.

P. 60

P. Martin del. J. Séon sc.

PORTE DU XVIe SIÈCLE

montée St Barthélemy

imp. Fugère à Lyon

P. 60

rue Lainerie.18.

rue de l'Arbalète.9.

Sourvy del

BAS-RELIEFS EN BOIS

Imp. Pagère Lyon

P. Martin del.

J. Fugère sculp.

MENUISERIE.

1. Détail d'un Panneau de Porte, Montée S.t Barthélemy. 2 et 3. Ensemble et détail d'une Porte, Rue Lainerie. 5.

Imp. de Fugère à Lyon

Rue de l'Hopital, 23.

Rue Grenette 21.

P. Martin del.

Impr. Louis Perrin, Lyon

BALCONS EN BOIS TOURNÉ.

au 1/10

P. 60

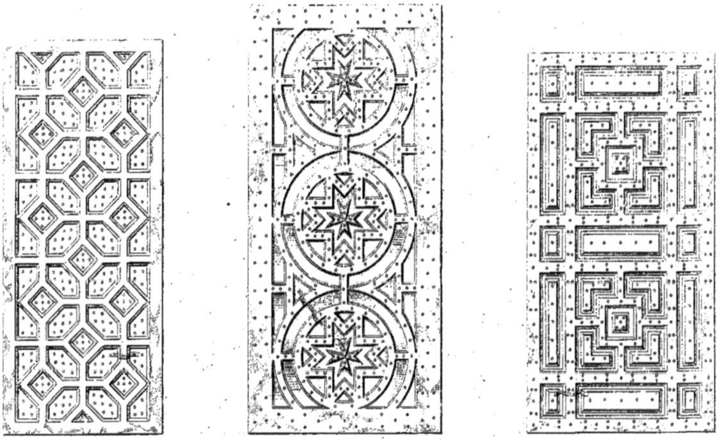

1 2 3

P. Martin del. J. Jean sculp.

PORTES A CLOUS

1 rue Ferrandière, 14, 2 rue Centrale, 47, 3 quai de Bondy, 150.

P. Martin del.

J. Jean sc.

FAÇADES DE MAISONS

P. 60

Fig. 1

Fig. 2

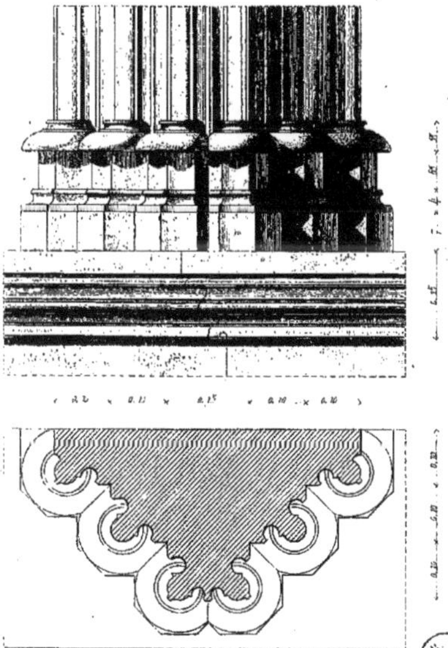

Détail de l'une des bases A

Fig. 3

Etat actuel de la Façade

Echelle de la Fig. 3

Echelle de la Fig. 2

Echelle de la Fig. 1

P. Martin del.

J. Séon sc.

FAÇADE D'UNE MAISON

Place du Change

Imp. Figère r. 4 chapeaux Lyon

www.ingramcontent.com/pod-product-compliance
Ingram Content Group UK Ltd.
Pitfield, Milton Keynes, MK11 3LW, UK
UKHW021911290826
14628UKWH00020B/578

9 782019 137854